JN141326

絵入謡本と能狂言絵

神戸女子大学古典芸能研究センター研究資料集2

神戸女子大学古典芸能研究センター 編

思文閣出版

目次

カラー図版

解題・詞章

カラー図版

絵入謡本
能狂言画帖
能狂言絵巻
能狂言図巻

養老⑴（８ウ）勅使を養老の滝に案内し、薬の水の徳を称える。

養老②（12オ）勅使が帰ろうとすると天より音楽が聞こえ花が降る。シテの中入り。

養老③（14ウ）山神が清らかな水を称え、君の御代を祝福する舞を舞う。

通盛①（４オ）読経する僧のもとに、夜舟に乗って漁翁が現れる。

通盛②（11オ）通盛と小宰相の局の幽霊が現れて回向を謝す。

通盛③（15ウ）通盛の幽霊は僧に最期の様子を見せる

清経①（7ウ）北の方は清経の形見の黒髪を見て嘆き悲しむ。

清経②（12ウ）北の方の前に清経の幽霊が現れる。

清経③（19ウ）清経の幽霊は北の方に最期の様子を見せる。

三輪①（３オ）玄賓僧都の庵の戸を開けて女が樒を持って現れる。

三輪②（6オ）女は僧都に衣を所望する。

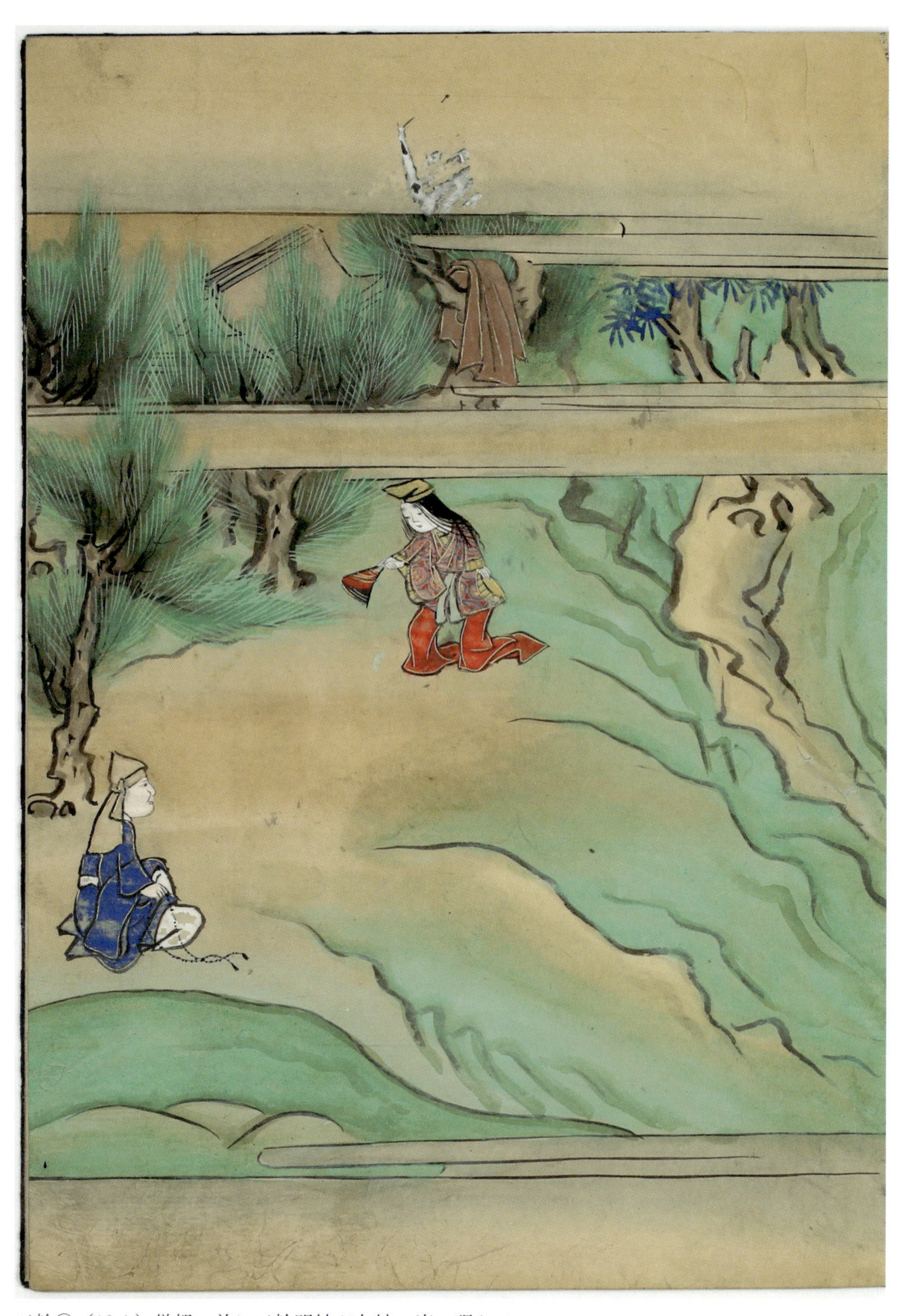

三輪③（10オ）僧都の前に三輪明神が女神の姿で現れる。

三輪④（14ウ）明神は天の岩戸の神楽舞を舞って僧都を慰める。

松風①（３オ）須磨の浦に着いた僧に、在所の者が様ありげな松のいわれを教える。

松風②（９オ）二人の海士が登場し、月光を愛でつつ潮を汲む。

松風③（16オ）海士の家に泊まった僧の前で、二人は涙を流しながら素性を明かす。

松風④（20オ）松風は、松を見て行平のことを思慕して舞を舞う。

阿漕①（３オ）伊勢参宮の旅人の前に、漁具を持った海士が現れる。

阿漕②（６オ）海士は旅人に阿漕が浦の名のいわれを物語る。

阿漕③（９ウ）海士は、その阿漕の幽霊と名乗って消え失せる。

阿漕④（13オ）阿漕の幽霊が恐ろしい地獄の責め苦に苦しむ姿を見せる。

葵上①（２ウ）葵上に憑く物の正体を梓弓にかけて占う。

葵上②（７オ）梓の音に引かれて、六条御息所の生き霊が現れる。

葵上③（10ウ）行い済ます横川の小聖を呼びに、大臣の使者が参上する。

盛久①（15ウ）盛久を斬ろうとすると、太刀が二つに折れて段々となる奇跡が起きる。

蟻通①（３ウ）馬が急に立ち止まって困惑する紀貫之の前に、宮守が社参にくる。

蟻通②（7オ）社前と知った貫之は、宮守の勧めるまま和歌を奉納して社前に額ずく。

蟻通③（10ウ）神の納受により、馬も元通りに歩けるようになる。

蟻通④（13ウ）宮守は御幣を捧げて祝詞を読み、貫之も参拝する。

邯鄲①（３オ）盧生は邯鄲の枕に臥して仮寝の夢を見る。

橋弁慶①（３ウ）丑の刻詣でする弁慶は、五条の橋に人斬りが出ると聞いて逡巡する。

橋弁慶②（６オ）五条の橋に向かった弁慶の前に、牛若が現れる。

殺生石①（２ウ）那須野を訪れた玄翁は上を飛ぶ鳥が落ちる殺生石を見に来る。

殺生石②（７オ）里の女が現れて玉藻の前のことを物語る。

殺生石③（11オ）玄翁は殺生石に引導を渡す。

殺生石④（15オ）石の中から野干が現れ、退治された様子を見せる。

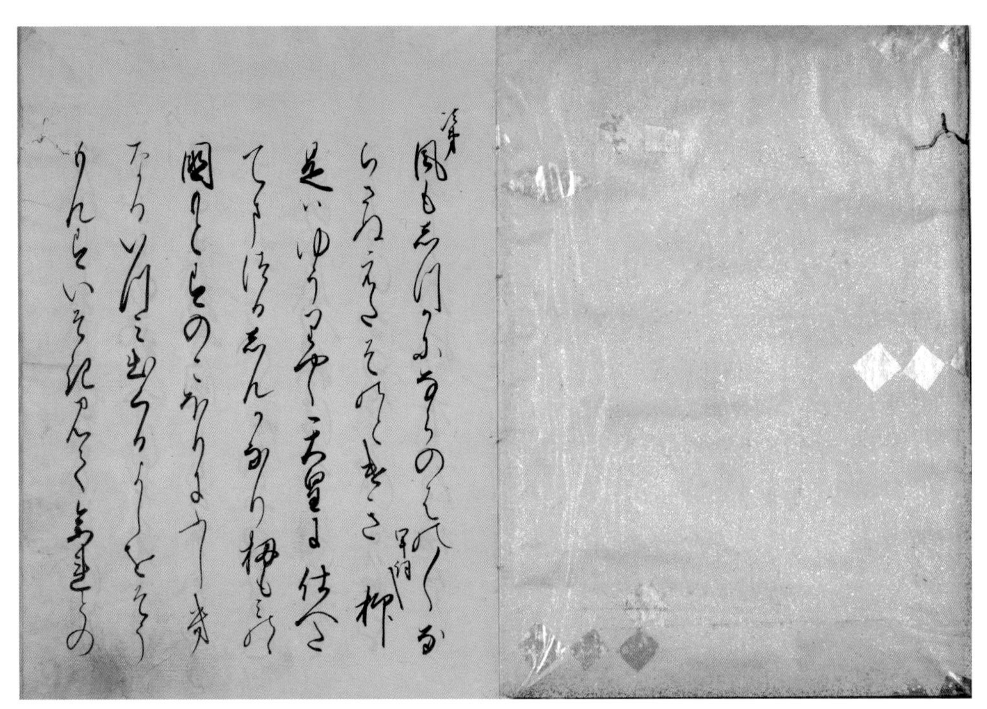

絵入謡本 「養老」見返・初丁オモテ

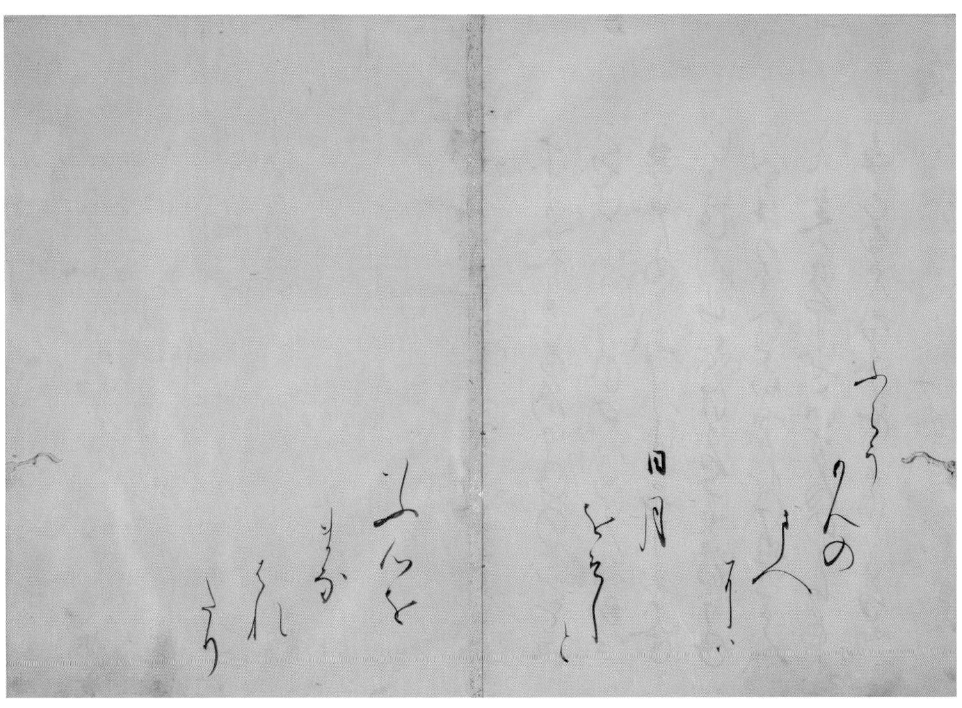

絵入謡本 「邯鄲」６丁ウ・７丁オ

能狂言画帖

能狂言画帖1　高砂

能狂言画帖2　するひろかり（末広がり）

能狂言画帖3　田むら（田村）

能狂言画帖4　きんし聟（吟じ聟）

能狂言画帖5　うねめ（采女）

能狂言画帖6　ふあく（武悪）

能狂言画帖7　せいわうほ（西王母）

能狂言画帖8　惣八

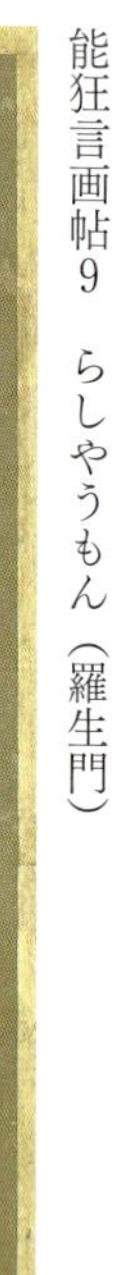

能狂言画帖9　らしやうもん（羅生門）

能狂言画帖10　ちとり（千鳥）

能狂言画帖11　玉の井

能狂言画帖12　文になひ（文荷）

能狂言画帖13　よりまさ（頼政）

能狂言画帖14　（丼礑）

能狂言画帖15　しやり（舎利）

能狂言画帖16　ちきりき（千切木）

能狂言画帖17　あたか（安宅）

能狂言画帖18　すはちかみ（酢薑）

能狂言画帖19　かすか龍神（春日竜神）

能狂言画帖20　かまはら（鎌腹）

能狂言絵巻

能狂言絵巻　表紙

能狂言絵巻1　式三番（翁）

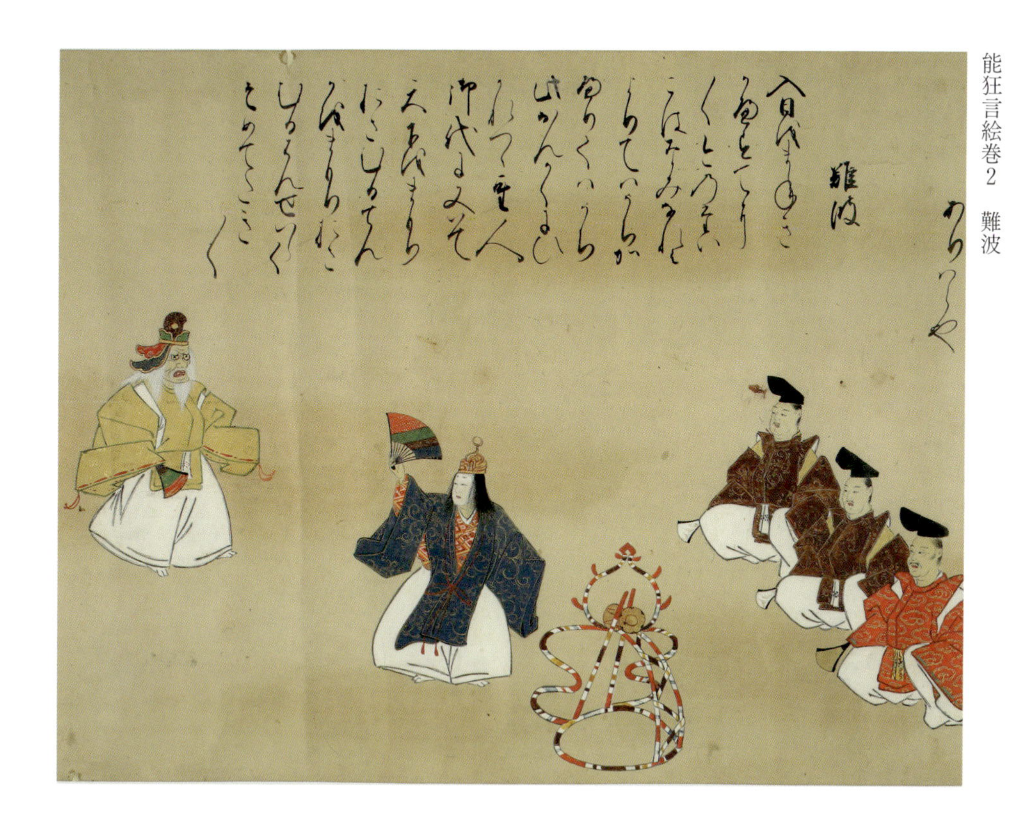

能狂言絵巻2　難波

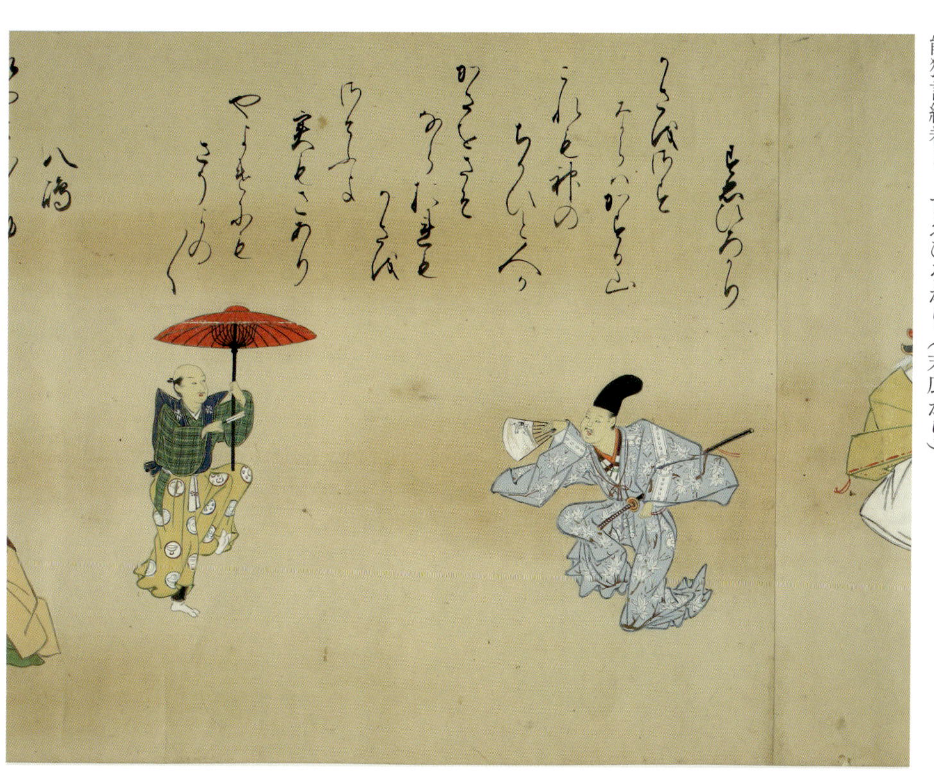

能狂言絵巻3　するゑひろかり（末広がり）

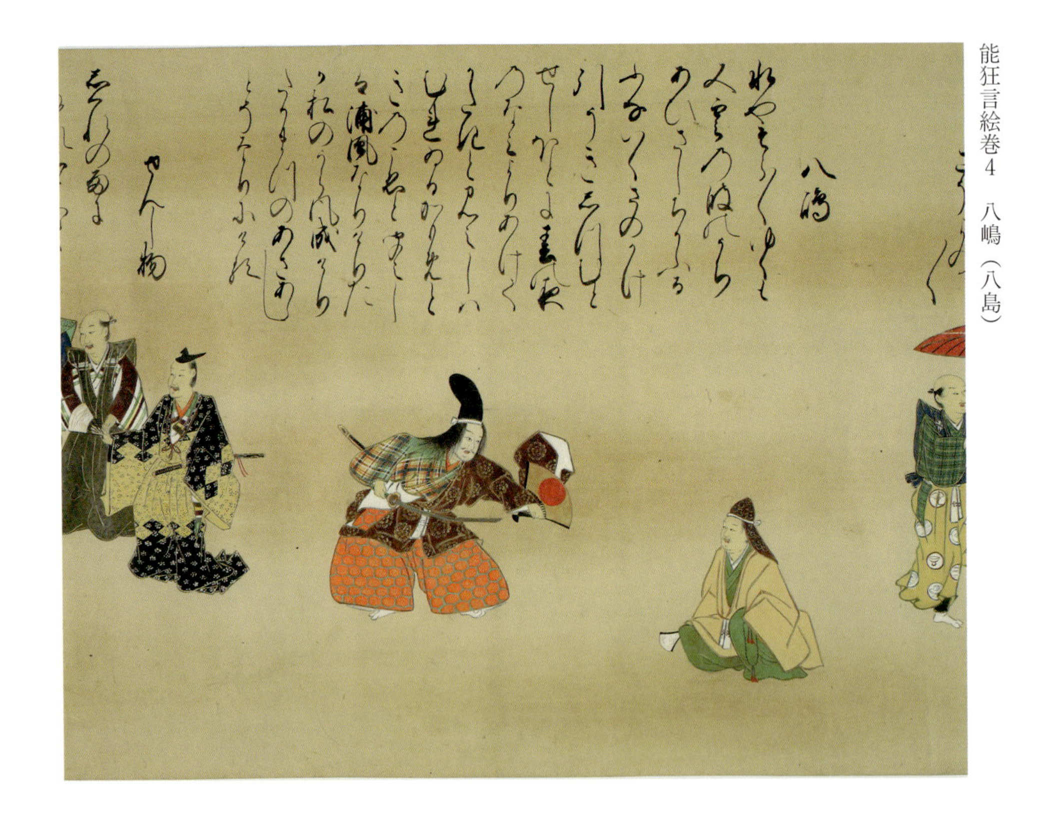

能狂言絵巻4　八嶋（八島）

能狂言絵巻5　せんし物（煎じ物）

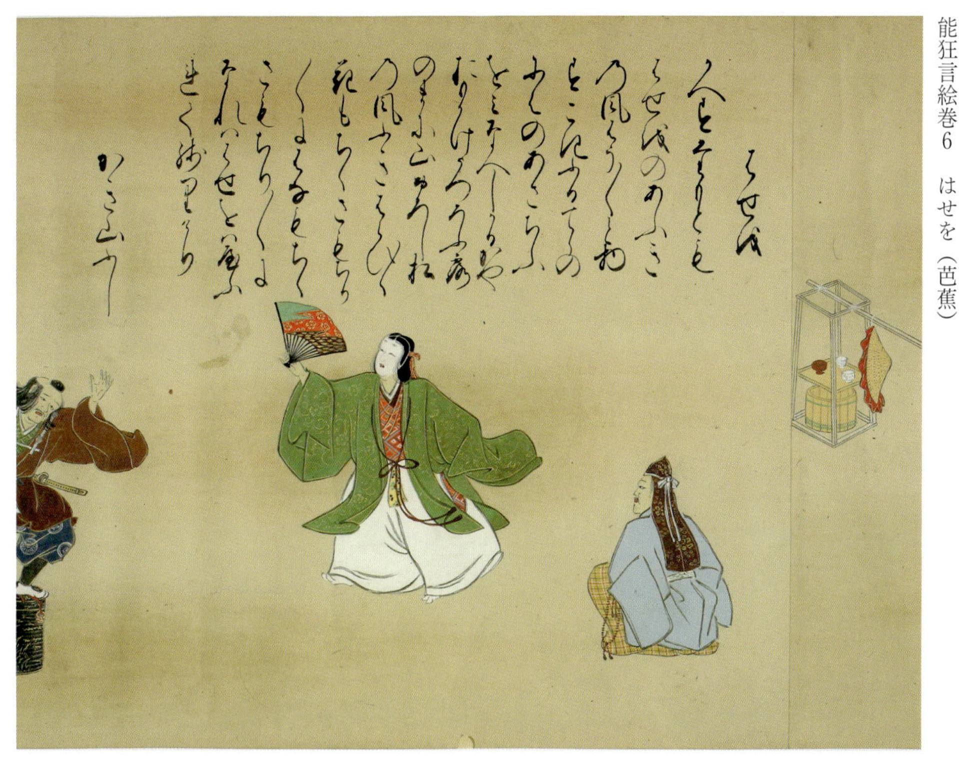

能狂言絵巻6　はせを（芭蕉）

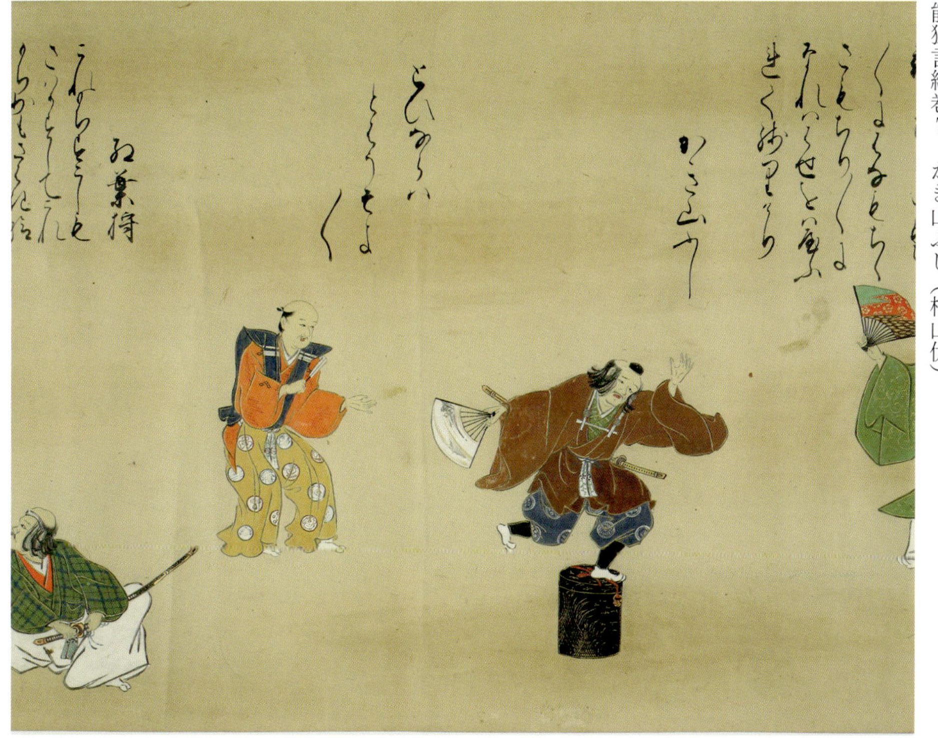

能狂言絵巻7　かき山ふし（柿山伏）

能狂言絵巻8　紅葉狩

能狂言絵巻9　あはたくち（粟田口）

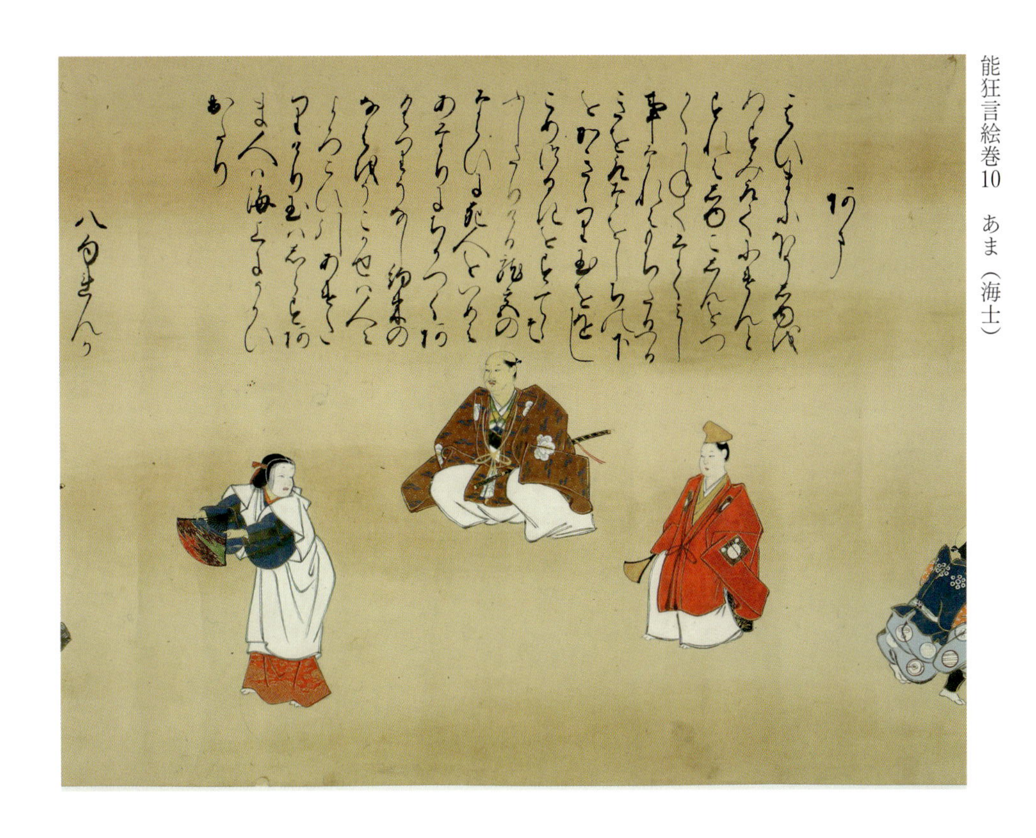

能狂言絵巻10　あま（海士）

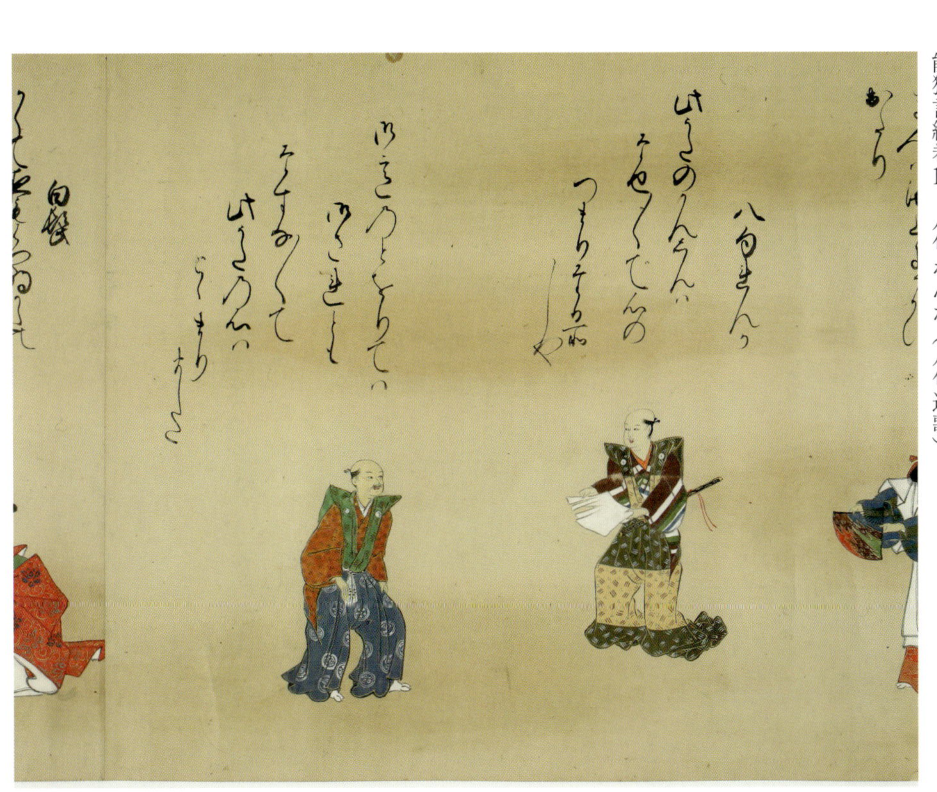

能狂言絵巻11　八句れんか（八句連歌）

能狂言絵巻12　白髭

能狂言絵巻13　はき大名（萩大名）

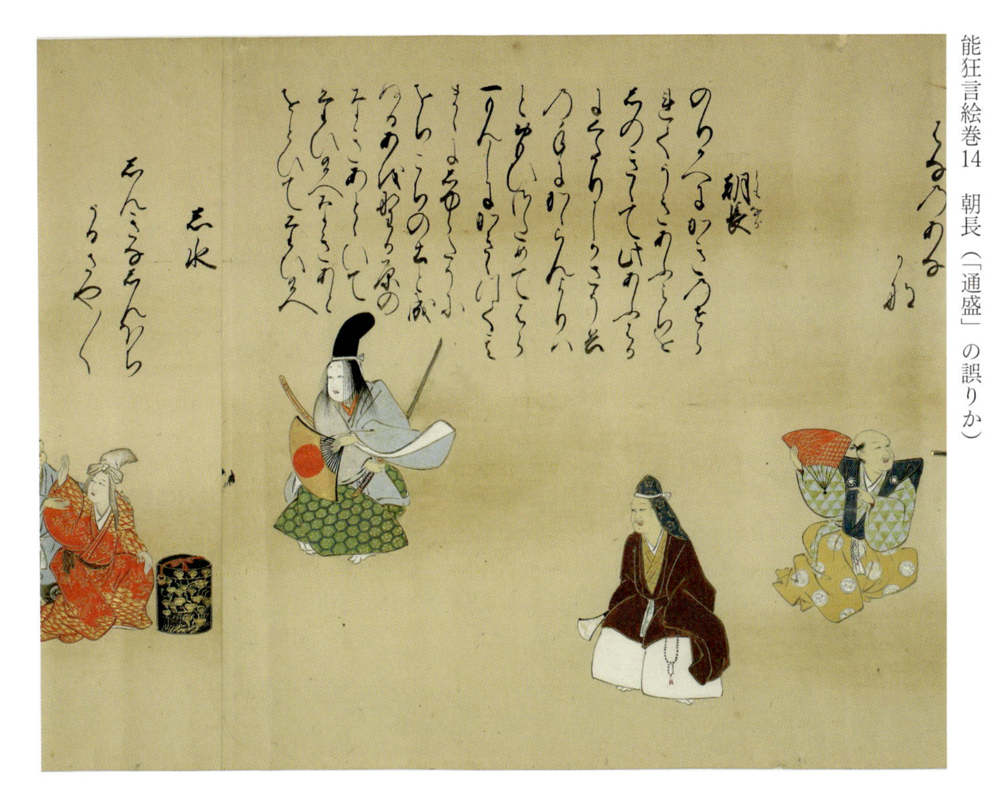

能狂言絵巻14　朝長（「通盛」の誤りか）

能狂言絵巻15　し水（「お茶の水」の誤り）

能狂言絵巻16　野のみや（野宮）

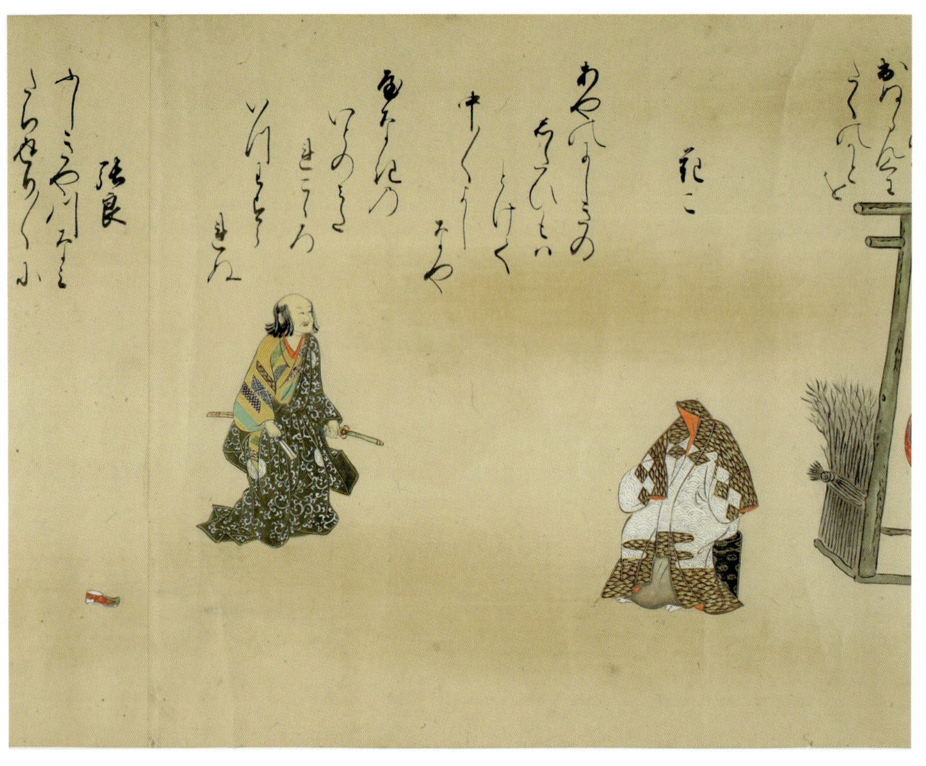

能狂言絵巻17　花こ（花子）

能狂言絵巻18　張良

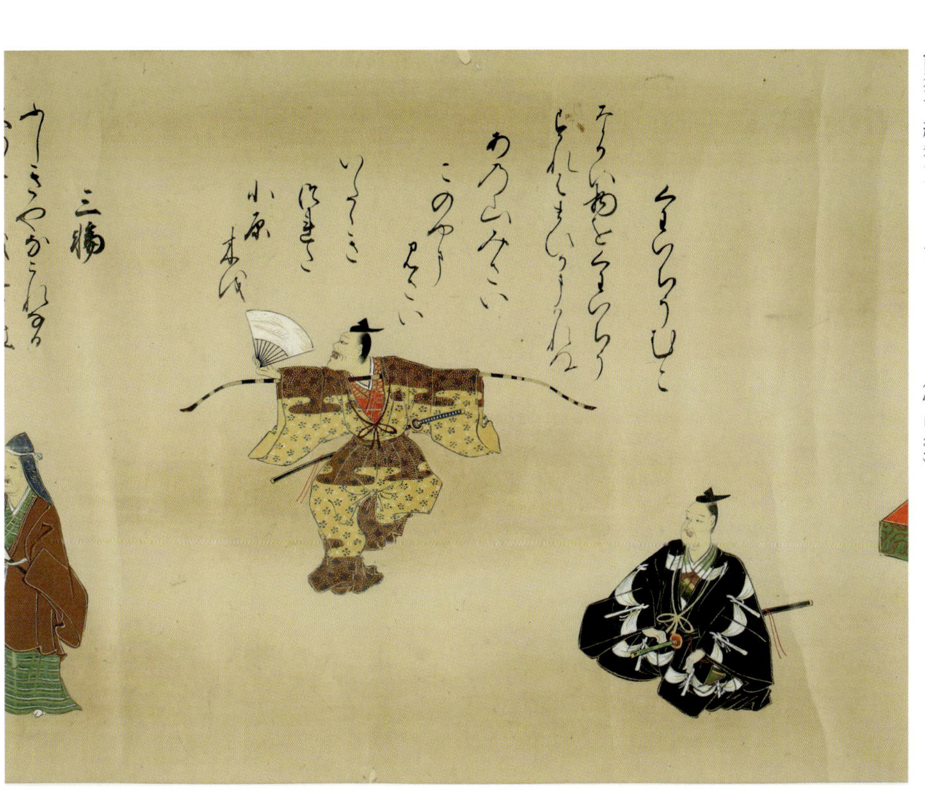

能狂言絵巻19　くわいちうむこ（懐中聟）

能狂言絵巻20　三輪

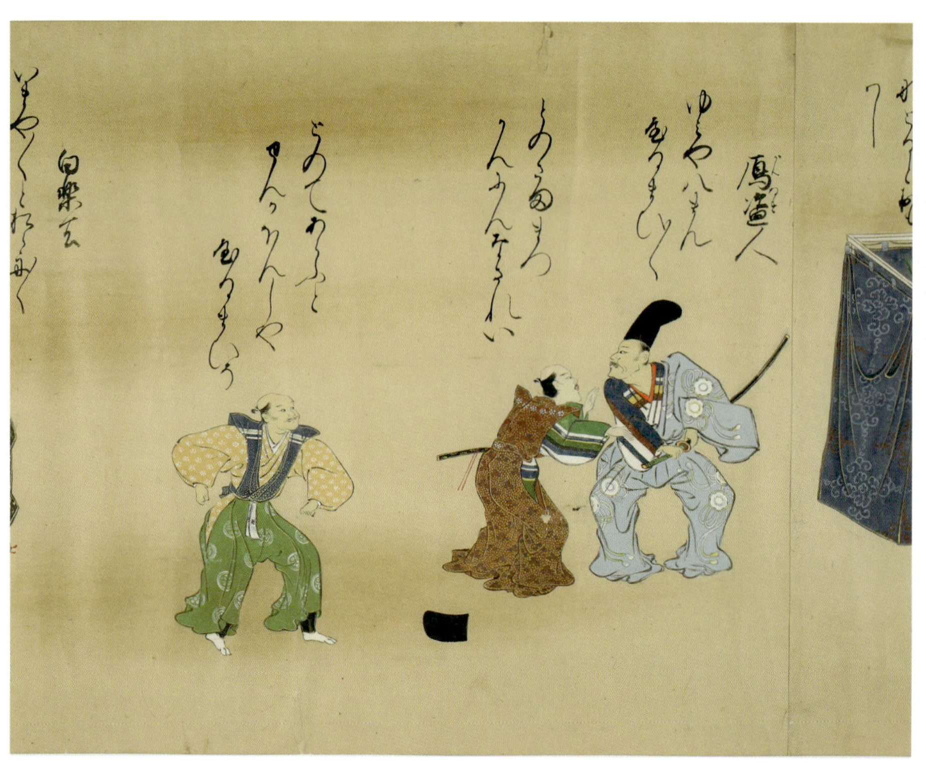

能狂言絵巻21　鳫盗人（雁盗人）

能狂言絵巻22　白楽天

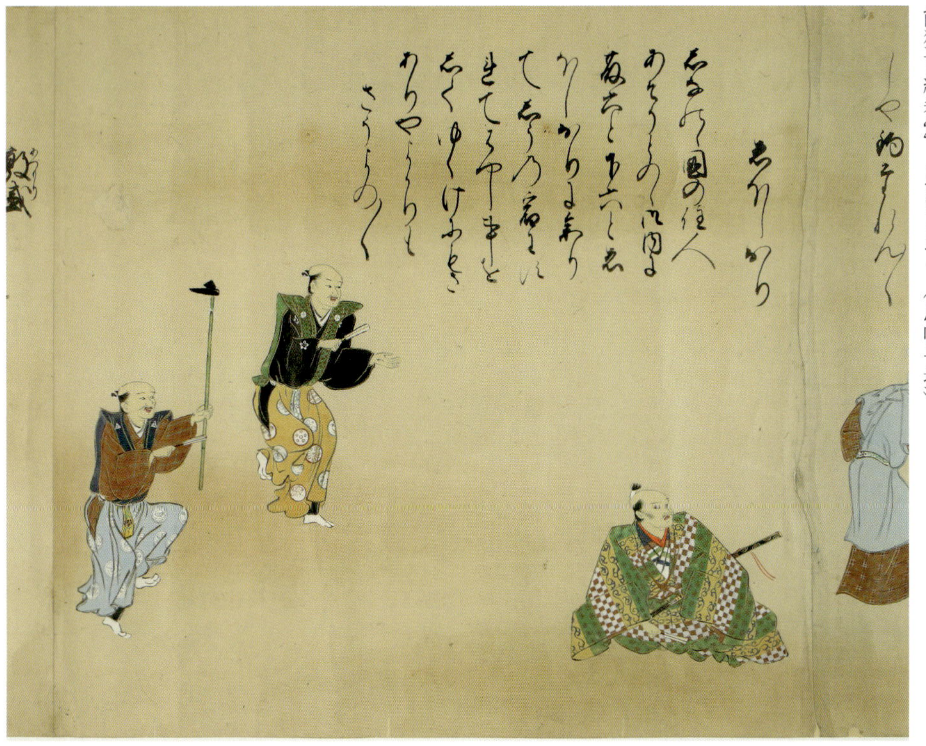

能狂言絵巻23　ゑほしおり（烏帽子折）

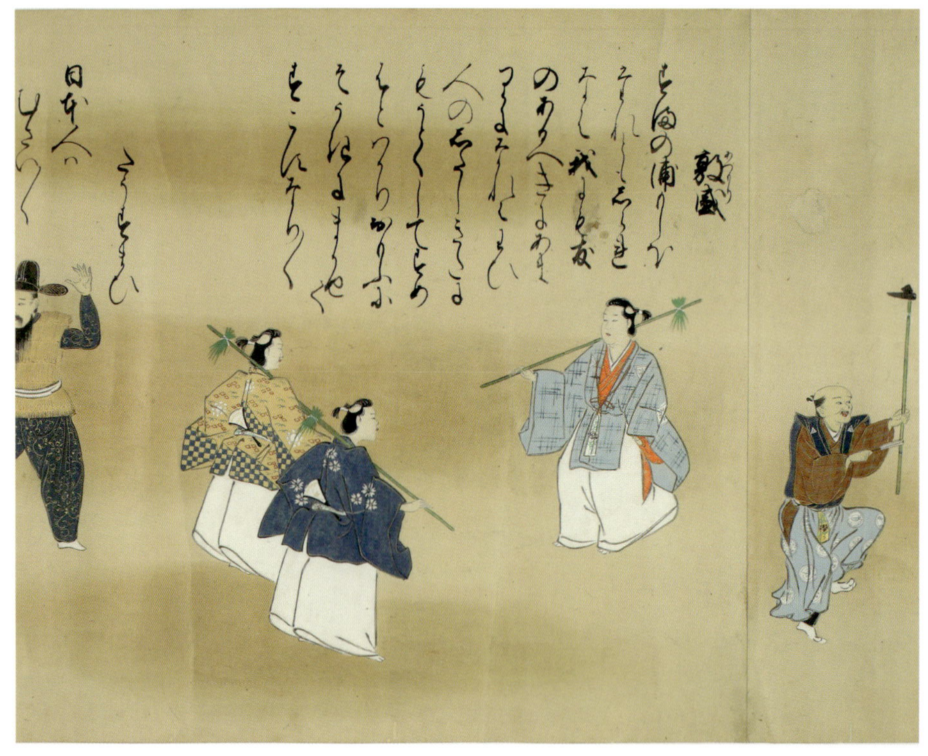

能狂言絵巻24　敦盛

能狂言絵巻25　たうすまひ（唐相撲）

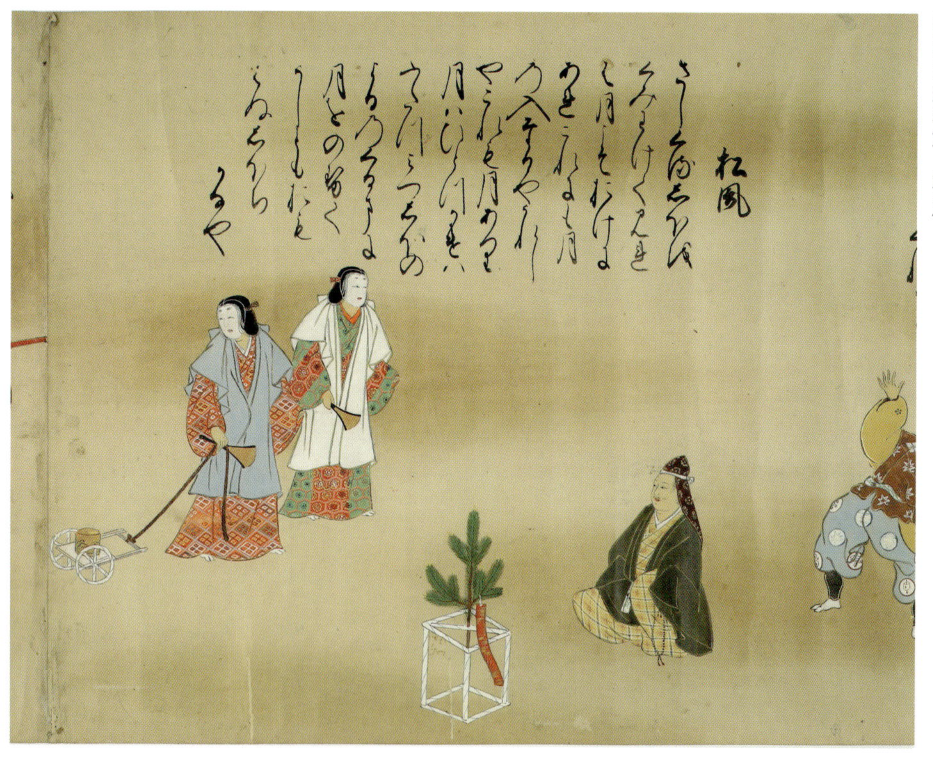

能狂言絵巻26　松風

能狂言絵巻27　うつほさる（靭猿）

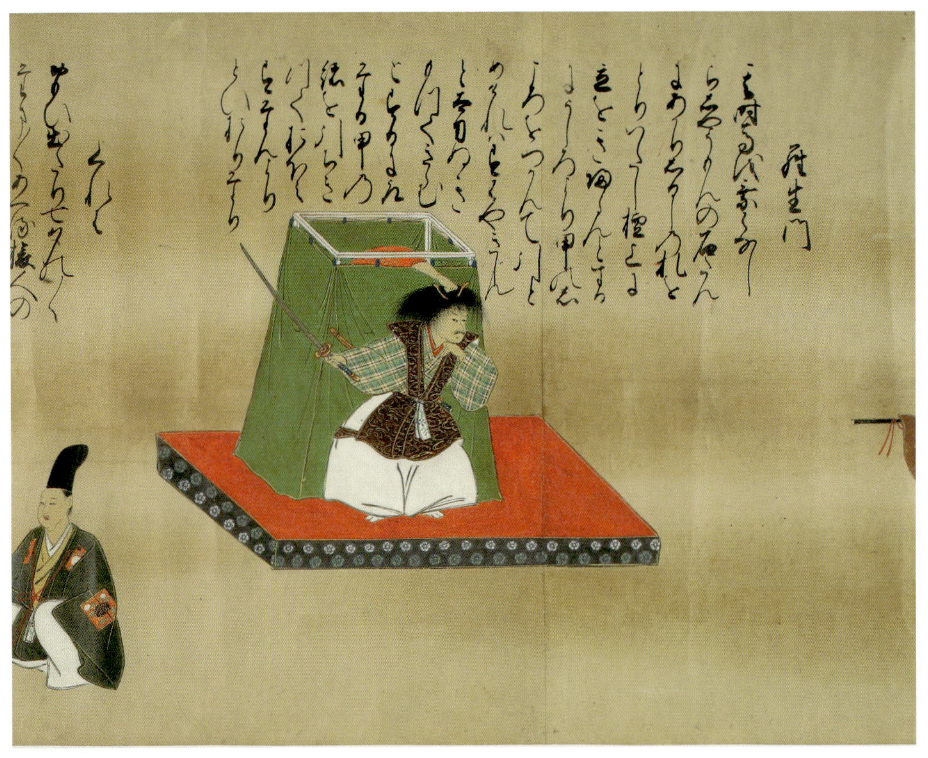

能狂言絵巻28　羅生門

能狂言絵巻29　くれは（呉服）

能狂言図巻

能狂言図巻　表紙

能狂言図巻1　翁

能狂言図巻2　加茂（賀茂）

能狂言図巻3　かつこ太鼓（羯鼓太鼓）

能狂言図巻4　頼政

能狂言図巻5　比丘さた（比丘貞）

能狂言図巻6　源氏供養

能狂言図巻7　いくゐ（井杭）

能狂言図巻8　道成寺

能狂言図巻9　清水（「抜殻」の誤りか）

能狂言図巻10　竜田

能狂言図巻11　猿買座頭（猿替勾頭）

能狂言図巻12　竹生嶋（竹生島）

能狂言図巻13　文相撲

能狂言図巻14　班女

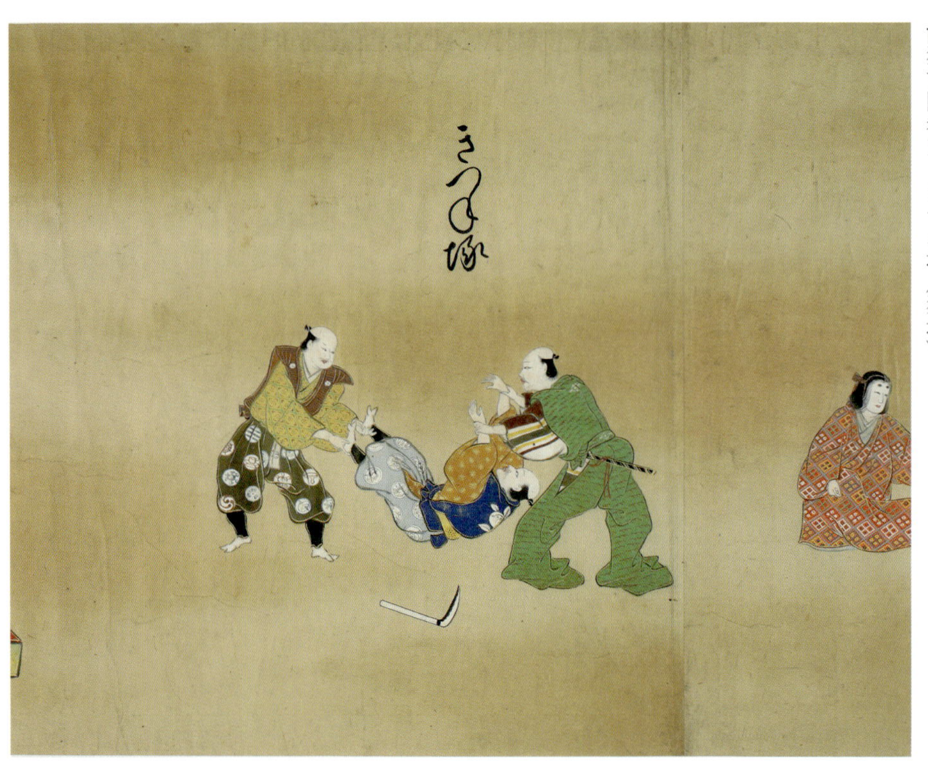

能狂言図巻15　きつね塚（狐塚）

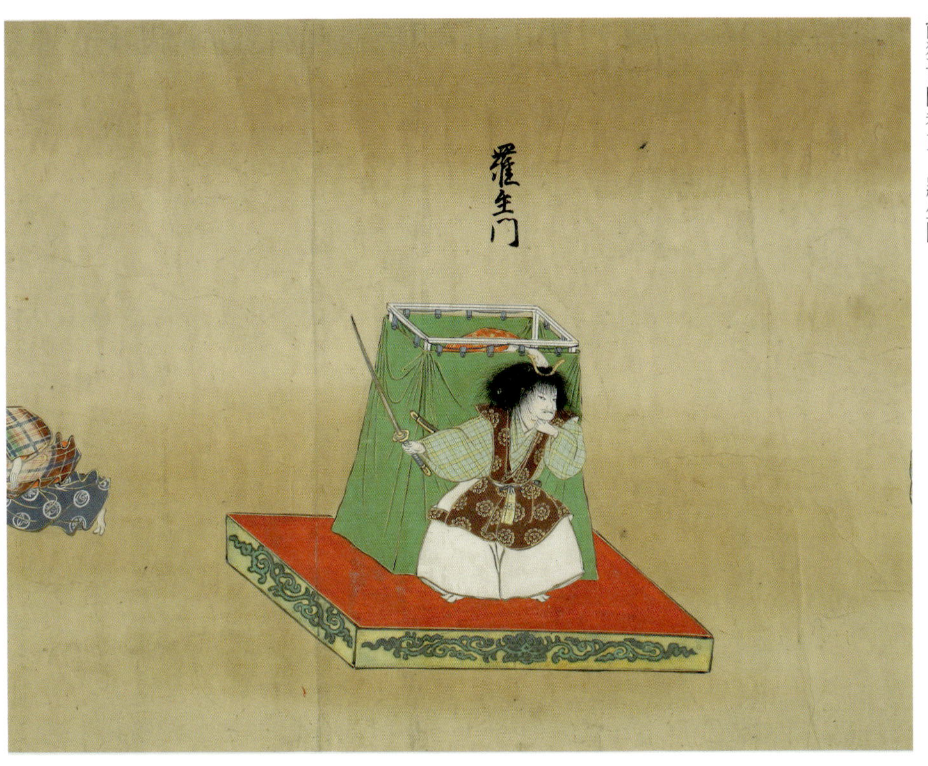

能狂言図巻16　羅生門

能狂言図巻17　悪太郎（「悪坊」の誤り）

能狂言図巻18　藤渡（藤戸）

能狂言図巻19　たけのこ（竹の子）

能狂言図巻20　白楽天

能狂言図巻21　柏崎

能狂言図巻22　みかつき（箕被）

能狂言図巻23　自然居士

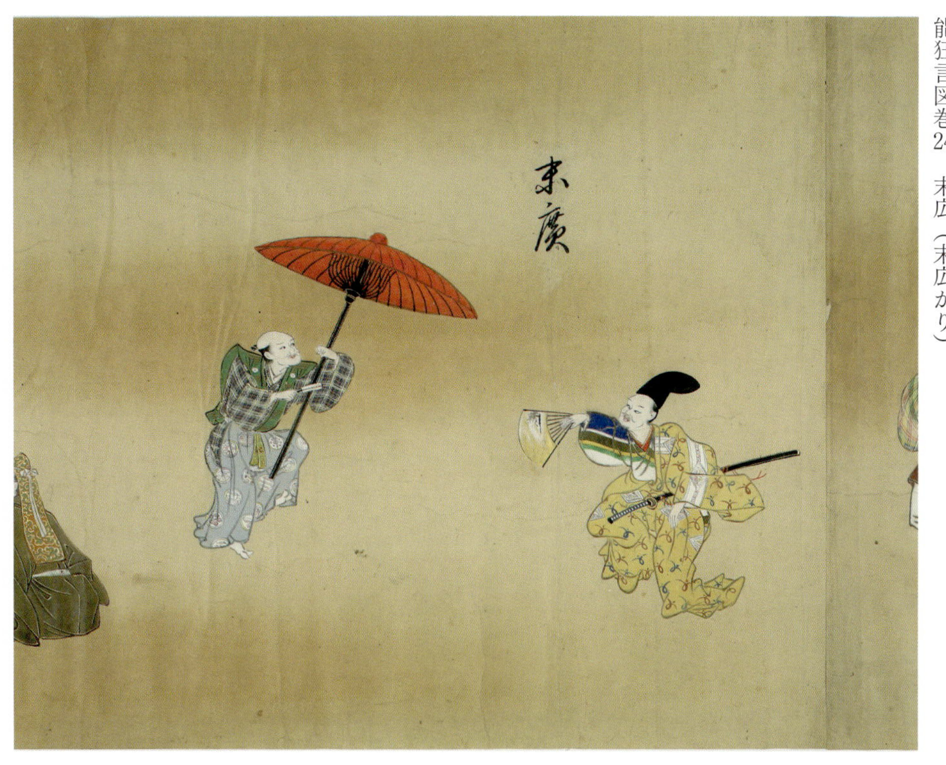

能狂言図巻24　末広（末広がり）

能狂言図巻25　朝長

能狂言図巻26　鴈盗（雁盗人）

能狂言図巻27　酔はちかみ（酔薑）

能狂言図巻28　鵜飼

能狂言図巻29　高砂

解題・詞章

神戸女子大学古典芸能研究センター蔵

『絵入謡本』解題

小林健二

I 『絵入謡本』書誌

［整理番号］五―2―1　3901～3912
［装幀・数量］列帖装、十二帖。
［表紙］紺紙に金泥で霞引きに草木模様を描き、その上に金の切箔と砂子を散らす。
［見返し］銀の砂子を撒いて、さらに金銀切箔を散らす。銀の箔が変色していないので後補の可能性もある。後ろ見返しは本文と共紙で装飾は施されていない。
［料紙］鳥の子。
［寸法］二種類（A縦二四・〇×横一七・一糎、B縦二三・六×横一七・一糎）がある。
［外題・内題］表紙の左上に題簽が貼られ、曲名が本文と同筆で墨書されるが、題簽の大きさは書冊の寸法に準じており、二種類（A縦一五・一×横三・二糎、B縦一四・三×横三・二糎）に分けられる。内題はなし。
［節付け記号］本文には役がかわる箇所で右肩に肩カギが付され、役名が表記される。また、「詞・カヽル・一セイ・サシ・上歌・ロンギ・クセ・ワカ・キリ」および「上・中・下」などの節付け記号が付される。ゴマ点は

なし。

［詞書］詞書（詞章）は観世流の謡本による。書体は十二帖が一筆と見られ、江戸前期の絵巻や絵本によく見られる詞書の書風と似る。

［半丁の行数］原則として各冊七行だが、《三輪》だけは六行。

［挿絵］濃彩のいわゆる奈良絵の画風で、各帖に原則として四図（「橋弁慶」だけ三図であるが、これは一曲が短く、丁数が少ないためと考えられる）が施されるが、十一箇所の絵が剝がされて、書冊より抜かれている。

次に、各帖の大きさの別（A・B）、外題、紙数（丁数）、半丁あたりの行数、挿絵の位置と有無を列挙して示す。挿絵が抜かれた箇所は傍線を付して示した。なお、全帖の順序は購入時のままとするが、一応、五番立てを意識した配列となっている。

A	「養老」	15丁	7行	絵	3丁裏	8丁裏	12丁表	14丁裏
A	「道盛」	17丁	7行	絵	4丁表	7丁裏	11丁表	15丁裏
B	「きよつね」	21丁	7行	絵	3丁裏	7丁裏	12丁裏	19丁裏
B	「三輪」	15丁	6行	絵	3丁表	6丁表	10丁表	14丁裏
B	「松風」	21丁	7行	絵	3丁表	9丁表	16丁表	20丁表
B	「あこき」	14丁	7行	絵	3丁表	6丁表	9丁裏	13丁表
B	「あふひの上」	14丁	7行	絵	2丁裏	7丁表	10丁裏	13丁裏
A	「盛久」	24丁	7行	絵	2丁裏	9丁裏	15丁裏	23丁表
B	「ありとをし」	14丁	7行	絵	3丁裏	7丁表	10丁裏	13丁裏
B	「邯鄲」	16丁	7行	絵	3丁表	7丁裏・8丁表（見開きか）	11丁裏・12丁表（見開きか）	15丁表

B　「橋弁慶」　10丁　7行　絵　3丁裏　6丁表　※10丁裏

A　「殺生石」　17丁　7行　絵　2丁裏　7丁表　11丁表　15丁表

（※を記した「橋弁慶」の10丁裏は最終丁の裏になるので、あるいは挿絵が無かったことも考えられるが、全十丁に二図では少なく、直前の詞書も散らし書で終わっているので挿絵があったと判断する）

Ⅱ　箱書から知られる伝来と特徴

『絵入謡本』（以下、神戸女子大本と略称する）を収める木箱の寸法は、縦二六・七糎×横一九・八糎×高さ八・〇糎で、蓋表の右側に「繪入謡本　十二冊」と墨書され、裏の中部に付箋（縦一五・〇糎×横三・〇糎）が貼られ、「大正十三甲子七月十日／前田家於本郷邸内御払道具ノ／節求之」と墨書される。側面（天の左）には紙片（縦六・〇糎×横三・三糎）が貼られ「一六」の墨書があり、また別の側面（地の右）にも紙片（縦三・一糎×横一・五糎）が貼られ「第六十二号」の墨書を朱で線引（ミセケチ）して左側に「第十四号」と朱書する。同じく側面（左）に紙片（縦三・八糎×横四・三糎）が貼られ「巻冊（上）／卅九番／不完本／挿画謡曲十二冊」と墨書される。

右の箱書に付された情報により、本資料は前田家の旧蔵であり、大正十三年（一九二四）七月十日の道具類の売り立ての際に新たな所蔵者に求められたことが知られる。側面に貼られた紙片の数字は前田家に所蔵されていた時の整理番号であろう。

また、側面の紙片に記された「不完本」の記述は、挿絵が抜かれている箇所が多く認められるために、挿絵欠の意味で記したと一応とれるが、あるいは後に述べるように揃い本として欠けた冊があることを示していることも考えられる。

以上であるが、神戸女子大本の特徴は、加賀前田家の旧蔵という確かな伝来を持つ本であり、大名家の道具として相応しい体裁を持つことであろう。揃い本である細川護熙氏本や東洋文庫本も大名家の所蔵であったと考えられるが、両者が大本で袋綴じの装幀であるのに対して、神戸女子大本は半紙本の大きさで、装幀も列帖装である。表紙は紺色地に金泥で各冊異なる草花木模様が描かれ、見返しも金と銀の切り箔を用いた瀟洒な装飾が施されたもので、これらは大名家の嫁入り本によく見られる体裁である。[1]

さて、十二番という半端な帖数は、「不完本」という箱書から、かつては百番とか五十番という大部の揃い本であったことをうかがわせる。曲目も《橋弁慶》はやや遠い曲ではあるが、その他はいわゆる内百番に所収される曲目であり、揃いの一部が残ったことも考えられよう。同じく半紙本で列帖装の体裁を有し、大部な構成を持つ、永青文庫蔵『太平記』八十三冊、真田宝物館蔵『平家物語』三十帖があることからの想定であるが、『太平記』絵本が肥後細川家、『平家物語』絵本が松代真田家という大名家の所蔵であったことから、神戸女子大本も大名家蔵の大部な揃い本であったと推測できるのである。

ところで、近年、個人の所有になった「春日龍神」一帖は、四箇所すべての挿絵が抜かれた絵入り謡本である。列帖装の装幀で紺紙に金泥で草花を描いた表紙の体裁や、一面七行という行数で書体も似通っていることから神戸女子大本の連れと思われたが、見返しが雷文繋ぎ擦り出し模様の金箔張りであり、寸法も縦二四・七×横一七・五糎と神戸女子大本より一回り大きく、明らかな別本である。ただこれも「春日龍神」だけが作られたとは考えづらく、揃い本からの離れとみられ、江戸前期に数種の列帖装半紙本の豪華な揃いの絵入り謡本が製作されていたことがうかがわれる。

Ⅲ　絵本「松風」の挿絵

神戸女子大本が能（謡曲）の内容をどのように絵画化しているのか、その様相を全四図が残っている「松風」の挿絵を取り上げて、他の同材の作例と比較しながら検証していこう。

まず、《松風》の梗概と構成を新潮日本古典集成『謡曲集』によって示すと次のようである。

第1段　ワキの登場。諸国一見の僧（ワキ）が都から須磨に到る。
第2段　ワキ・アイの対応。僧は所の者（アイ）に磯馴松の謂われを問い、松風村雨の旧跡と知る。
第3段　ワキの詠嘆。僧は松風村雨を偲び弔問する。
第4段　シテ・ツレの登場。松風（シテ）と村雨（ツレ）の二人の海士が潮汲みに現れ、須磨の浦の秋と海士の身を懐旧する。
第5段　シテ・ツレの詠嘆。須磨の浦の秋の月夜を詠嘆し、潮汲みの業をする。
第6段　ワキとシテ・ツレの応答。僧は一夜の宿を所望する。
第7段　ワキ・シテの応答。在原行平の詠歌、松風村雨の旧跡の松に話が及ぶと、二人の海士は愁傷の気色を見せる。
第8段　シテ・ツレの物語。二人は松風村雨であると素性を明かして供養を乞い、形見の烏帽子・狩衣を手に、行平との思い出を語るうちに、恋慕の情が高まる。
第9段　シテの狂乱。松風は形見を身につけ、松を行平に見なして恋慕する。
第10段　シテの舞。松風は恋の舞を舞う。
第11段　シテの狂乱、結末。なおも行平への思慕を募らせ、弔問を乞うて、帰ると見えて夢の夜明けとなる。
以上の十一段であるが、右の構成に従って神戸女子大本の挿絵の位置と内容を見て行くと次のようになる。

［挿絵①］第1段のワキ登場に続く第2段で、アイ座に控えるアイを呼び出して、ワキが磯馴れ松の謂われを尋ね、松風村雨の旧跡であると答える場面。

須磨の海辺の光景。中央やや左に柵で囲われた松の木が描かれ、その左に紺色の僧衣と緑の角帽子を着し、右手に朱色の中啓を持った僧（ワキ）、右に着流し姿の所の者（アイ）の姿が描かれる。所の者は右手で松を指しており、僧に松の謂われを答える様子である。海上の波が小山のように盛り上がって描写され、上方に山々の遠景、下方に藁葺きの屋根が描かれる。

［挿絵②］第4段のシテ・ツレ登場の段に続き、第5段のロンギでシテが潮汲み車を引く場面。

須磨の海辺の光景。右に松の木、その下に旅僧（ワキ）が描かれ、右手に中啓、左手に数珠を持つ。中央の下部に潮汲み車を引く松風（シテ）、その左に海に向かって潮汲み桶を掛けた朸（おうご）を担げる村雨（ツレ）の姿が描かれる。能ではツレが朸を担げる演出はなく、曲の内容から絵師が独自の造型をしたと考えられるが、潮汲み車は実物ではなく能の作り物を写している。二人は小袖に打掛の女房姿の出立で描かれているが、能では唐織を着流しにして、海士をあらわす水衣を着する装束なので、能の約束事にそぐわない。曲の内容から絵師が類推して女房姿に描いたと思われる。上方に山々の遠景を描くのは①と同じだが、尖った山景が二つ見られるのは、六甲の厳しい山容を意識したものか。下方には藁葺き屋根が描かれるが、松の横に塩焼き小屋らしきものも見られる。

［挿絵③］第7段で塩屋に招き入れたワキに、第8段でシテ・ツレが行平との思い出を語って涙にくれる場面。詞書の「松風もむら雨も、袖のみぬれてよしなやな、身にもをよはぬこひをさへ、すまのあまにつみふかし、あととふらひてたひ給へ」に対応する部分。

塩屋の中の光景。藁葺きの家屋の中、炉を挟んですわる旅僧と松風村雨の姉妹が描かれる。柱は松の木らしく、室内には畳が敷かれる。「松の木柱」は詞章中にも見られるが、『源氏物語』以来の粗末な小屋をあらわす常套句。二人は僧に行平との思い出を語って往時を思い出し、袖を顔にあてて泣いている様子。右上には松の木、上方に山々の遠景が描かれる。

［挿絵④］第9段でシテは行平の形見の烏帽子と装束を身につけて、第10段で、行平を恋慕する〔中ノ舞〕を舞う場面。

③と同じ塩屋の内であるが、松風が立って舞い、旅僧と村雨がそれを見ている光景。松風は小袖を壺折にして袴をはき、右手に金地に朱の中啓を持って金色の折烏帽子を着た姿。また村雨も松風と同じく袴をはき、右手に紺地に朱の中啓を持ち、金の折烏帽子を着て下居をした姿で描かれている。これは女芸能者を意識した絵師の造型と考えられる。僧も下居をしているが、白の袴をはいている。松は③と同じく右上にあり、上方に山々の遠景が描かれるのは同じであるが、②のように尖った二つの山容が描かれる。

以上の四図は、能の内容を物語絵として描いているものの、旅僧の角帽子に着流しの姿は能のワキ装束の定型であり、また、シテの引く潮汲み車が能の作り物を写しているところは、舞台の反映が見られる。潮汲み車は同題材を絵本にしたスペンサー・コレクション本や大阪府立大学図書館本に描かれるものと近いことも注目され、あるいは、先行する絵本を粉本にして描いた可能性も考えられよう。

情景描写としては、海上の波が小山のように盛り上がって荒々しく描写されること、遠景の山並みに尖った山容が見られることが目立つ。尖った山容は六甲の峻険な山並みを意識してのことかも知れないが、実はこの尖った山の描写はスペンサー・コレクション本にも見られ、先行する絵本によったこともうかがわせる。

Ⅳ　他本との挿絵場面の比較

《松風》は名曲だけに、題材とした絵本が神戸女子大本の他に三本確認されている。

○ニューヨーク公共図書館スペンサー・コレクション蔵『松風村雨』一軸

横本の奈良絵本を改装した絵巻一軸。丁数は十四丁半。挿絵九図。詞書は下掛リ謡本の詞章。『在外奈良絵本』（昭和五十六年、角川書店）に影印と翻刻が所収されており、赤井達郎氏の解題によると室町末期から桃山期の作とある。

○海の見える杜美術館蔵『松風村雨』一軸

　横本の奈良絵本を改装した絵巻一軸。冊子のときの丁数は十二丁、挿絵は九図（内、見開き一図）。詞書（詞章）は上掛リ。図録『物語絵――奈良絵本と絵巻に見る古人のこころ』（平成十八年）の解説によると室町末期から江戸初期の製作とされる。

○大阪府立大学蔵『謡曲松風』一冊

　横本の奈良絵本一冊。丁数は十六丁、挿絵は十図（内、見開き一図）。詞書（詞章）は上掛リ。『磯馴帖』（伊藤正義先生古稀記念研究資料集、平成十三年、和泉書院）にカラーで全図が掲載され、筆者が解題を付した。江戸初期の作製と見られる。

　これら三本は室町末期から江戸初期の作例とされるので、神戸女子大本に先行して製作され、倍以上の挿絵数を有している。この四本に描かれた挿絵の場面を比べてみると次のようになる。

		ス	海	大	神
1	ワキの登場	①	①	①	
2	ワキとアイの問答	②	②	②	①
3	ワキの詠嘆				
4	シテ・ツレの登場	③	③	③	
5	シテ・ツレの詠嘆（潮汲み車を引く）	④	④	④	②
6	ワキとツレの応対、シテは塩屋の内	⑤	⑤※	⑤※	
7	ワキとシテ・ツレの応対			⑥	

（※は見開きになっている挿絵）

8	シテ・ツレの愁嘆	⑥	⑥	⑦	③
9	シテが行平の形見を見せる	⑦	⑦	⑧	
10	シテの恋慕の舞	⑧	⑧	⑨	④
11	シテの狂乱、結末	⑨	⑨	⑩	

これを見ると、四本ともほぼ同じ場面を挿絵に描いていることがわかる。そして、神戸女子大本の場合は、第2段のアイがワキに松のいわれを語る場面、第5段のシテ・ツレが身の上を詠嘆しながら潮汲み車を引く場面、第8段のシテ・ツレが身の上を語って愁嘆する場面、第10段のシテが行平の形見を身につけ恋慕の舞を舞う場面と、四本に共通する場面であることが認められる。つまり、少ないながらも《松風》の中で展開上で重要であり、画題になりやすい場面が取り上げられていることが知られるのである。

ここでは「松風」を取り上げたが、各曲の挿絵に描かれた内容を検討すると、詞書、つまり謡本の詞章にそった内容を絵師なりに解釈して描いており、絵によってそれぞれの物語世界を膨らませていることがうかがえる。ただし、その中に「松風」の潮汲み車のように、能の舞台の反映が散見されることは注意すべきであろう。ともあれ、神戸女子大本は能の世界を物語絵として再表現した事例として貴重な作例と言えるのである。

（注）

1、拙稿「能の絵巻と絵本」（『中世劇文学の研究――能と幸若舞曲』平成十三年、三弥井書店）。

『絵入謡本』詞章

凡例

一、底本通りの翻刻を原則とし、丁付けを小字で付した。

二、底本は無章句本だが、参考として段番号と小段名を付した。あふひの上（葵上）・あこき（阿漕）・ありとをし（蟻通）・邯鄲・きよつね（清経）・殺生石・松風・道盛（通盛）・三輪・盛久については新潮日本古典集成『謡曲集』に、養老については岩波日本古典文学大系『謡曲集』に基づき、橋弁慶については、適当と思われる名称を付した。

三、絵及び絵があったと思しき空白部については、該当箇所に注記した。

（樹下文隆）

養老（外題題簽）

1〔次第〕次第風もしつかにならのはの　〱　ならさぬえたそのとけき

〔名ノリ〕ワキ詞／抑是はゆうりやく天皇に仕へたてまつるしんかなり　扨もみのゝ國もとすのこほりに　ふしきなるいつみ出くるよしをそうもんす　いそき見て参れとの」1オせんしにまかせ　たゝ今濃州もとすの郡へといそき候

〔上ゲ歌〕道行おさまるや　國とみたみもゆたかにて　〱　よもに道あるせきの戸の　秋つしまねやあまさかる　ひなのさかひに名を聞しみのゝ中道程なく」1ウ　やうらうのたきに着にけり　〱

2〔一セイ〕一セイ二人／年をへし　みのゝお山の松かけに　猶すむ水のみとりかな　ツレ上／かよひなれたる老のさか　ゆく事やすき心かな

〔サシ〕サシ／故人ねふりはやくさめて　夢は六十年」2オの花に過　心ははうてんの月にうそふき　身ははんけうの霜にたゝよひ　はくとうの雪はつもれとも　老をやしなふたき川の　水や心を清むらん

〔下ゲ歌〕おく山の　みたにのしたのためしかや　なかれをくむとよもたえ」2ウし　〱

〔上ゲ歌〕上哥長生の家にこそ　〱　老せぬ門はあるなるに　是も

年ふる山すみの　千世のためしを松陰の　いはゐの水はくすりにて　老
をのへたる心こそ　猶ゆくするゑも久しけれ　〱」3オ

（空白）」3ウ

3〔問答〕ワキ詞／いかに是なる老人に尋ぬへき事の候　シテ詞／こなたの
事にて候か何事にて候　ワキ／おことは聞をよひたるおや子のものか
シテ／さん候是こそおや子の者にて候へ　ワキ／是はみかとよりのちよく
しにてある」4オそとよ　シテ／有かたや雲井はるかにみそなはす　我大
君のみことのりを　いやしき身として　今うけ給はる事の有かたさよ
是こそおや子のたみにて候へ　ワキ／扨も此もとすの郡にふしきなる」4
ウいつみ出くるよしをそうもんす　いそき見て参れとのせんしにまかせ
是まてちよくしを下さるゝなり　先々やうらうと名付そめしいはれをく
はしく申へし　シテ詞／さん候是に候は此せうか子にて候か　朝」5オ夕
は山に入たきゝをとり　我らをいとなみ候處に　あるとき山路のつかれ
にや　此水を何となくむすひてのめは　よのつねならす心もすゝしくつ
かれもたすかり候　ツレカヽル／さなからせんかのくすりの水も　かくや」
5ウとおもひしられつゝ　やかていへちにくみはこひ　ちゝはゝに是を
あたふれは　シテ詞／のむ心よりいつしかに　やかて老をもわすれ水の
ツレ／あさゐのとこもおきうからす　二人よるのねさめもさひしからて
いさむ心はまし水」6オの　たえすも老をやしなふゆへに　やうらうのた
きとは申なり

〔掛ケ合〕ワキカヽル／けに〱きけは有かたや　扨々今のくすりの水
このたき川のうちにても　とりわきさい所の有やらん　シテ詞／御覧候
へ此たきつほのす」6ウこしこなたのいはまより　出くる水のいつみなり
ワキカヽル／扨は是かと立より見れは　実いさきよき山の井の　シテ／そこ
すみわたるさゝれ石の　いはほとなりてこけのむす　ワキ／千代にやち
よのためしまても　シテ／まの」7オあたりなるくすりの水　まことに老
を　シテ／やしなふなり

〔上ゲ歌〕上哥同老をたにやしなはゝ　ましてさかりの人の身に　くす
りとならはいつまても　御しゆみやうもつきましさ　いつみそめてたか
りける　けにや玉水の」7ウ　みなかみすめる御代そとて　なかれのするゑ
の我らまて　ゆたかにすめるうれしさよ　〱

4〔クリ〕クリ地けにや尋ても　よもきかしまのとをき世に　今のためし
もいくくすり　水また水はよもつきし」8オ

（絵①）」8ウ

〔サシ〕サシ／それゆく川のなかれはたえすしてしかももとの水にはあ
らす　なかれにうかふうたかたは　かつきえかつむすんて　ひさしくす
める色とかや　下シテ／ことにけに是はためしもなつ山の　下ゆく水の
くすりとな」9オる　きすいをたれかならひみし

〔下ゲ歌〕いさや水をむすはん　いさ〱水を結はん

〔上ゲ歌〕もたひのちくえうは　〱　かけやみとりをかさぬらん
其外まかきのてきくわは　りんえうの秋をくむなりや　しんの七けんか
たのし」9ウみ　りうはくりんかもてあそひ　たゝ此水に残れり　くめや

くめみくすりを　君のためにさゝけん
〔下ゲ歌〕きよくすいにうかふあふむは　石にさはりてをそくとも
手に先とりて夜もすから　なれて月をくまふよや　な」10オれて月をくま
ふよ
〔ロンギ〕上ロンキ地山ちのおくの水にては　いつれの人かやしなひし
シテ上／ほうそかきくの水　したゝるつゆのやしなひに　せんとくをう
けしより　七百さいをふる事も　くすりの水ときく物を　地／けにや」10ウくすりときくの水　其やしなひの露のまに　シテ／ちとせをふるやあめ
つちの　地／ひらけしたねの草木まで　シテ下／花さきみなることはり
地／其おり〳〵といひなから　シテ／たゝ是雨露のめくみにて　地／やし
なひ」11オえては花のふほたる　雨つゆのおきなもやしなはれて　此水に
なれ衣の　袖ひちてむすふ手の　かけさへみゆる山の井の　けにもくす
りとおもふより　老のすかたもわか水と　見るこそうれしかりけれ」11ウ

（絵②）」12オ

5〔掛ケ合〕ワキ詞／けに有かたきくすりの水　いそきかへりて我君に
そうもんせんこそうれしけれ　シテ／おきなもかゝる御めくみ　ひろき
御かけをたうとめは　ワキカヽル／ちよくしもかさねてかんるいして
かゝるきとくにあふ事よ」12ウと
〔上ゲ歌〕上哥いひもあへねはふしきやな　〳〵　天よりひかりかゝ
やきて　たきのひゝきもこゑすみて　おんかく聞え花ふりぬ　是たゝ事
と思はれす　〳〵

6

7〔サシ〕上後シテ／有かたやおさまる御代のならひとて　さんか草木を
たやかに」13オ五日の風や十日の　あめかしたてる日のひかり　くもりは
あらし玉水の　くすりのいつみはよもつきし　あら有かたのきすいやな
8〔掛ケ合〕上地／是とてもちかひはおなし法の水　つきせぬ御代をま
もるなる　シテ下／我は此やま山」13ウ　シテ／神のみやゐ　地／又はやうり
う観音ほさつ　シテ／神といひ　地／仏といひ
〔一セイ〕シテ／たゝ是水波のへたてにて　地／衆生さいとの方便の
声　／みねの嵐や　谷の水をととふ〳〵と
〔ノリ地〕上同ひやうしをそろへて　おんかくのひゝき　たきつ心を
すましつゝ　しよてんらいきよの　ゑうかうかな」14オ

（絵③）」14ウ

〔ワカ〕上ワカ／松かけに　千代をうつせるみとりかな　上地／さもいさ
きよき　やまの井の水　〳〵　山の井の
9〔□〕シテ下／水とう〳〵としてなみゆう〳〵たり　おさまる御代の
〔ノリ地〕君は舟　〳〵　しんは水　みつよく舟を　うかへ〳〵て
しんよく君を　あふく御代とて」15オ　いく久しさも　つきせしやつきせ
し　君にひかるゝ　玉水の　かみすむ時は　下もにこらぬ　たきつの水
の　うきたつなみの　返す〳〵も　よき御代なれや　〳〵　はんせいの

みちに　かへりなん　〱」15ウ

道盛（外題題簽）

1〔名ノリ〕ワキ詞是はあはのなるとに一けをゝくる僧にて候　扨も此浦は平家の一門はて給ひたる所にて候ほとにいたはしく存　毎夜此いそへに出て御きやうをよみ奉り候　たゝ今も出てとふらひ申さはやとおもひ候」1オ

〔上ゲ歌〕上哥いそ山に　しはしいはねの待ほとに　〱　たか夜舟とはしらなみに　かちをとはかりなるとの　浦しつかなるこよひかな　〱

2〔掛ケ合〕ツレウハサシすはとを山寺のかねのこゑ　此いそちかく聞え候　シテ／入あひこさめれいそか給へ　ツレ／程」1ウなくくるゝ日のかすかな　シテ／きのふすき　ツレ／けふとくれ　シテ／あすまたかくこそ有へけれ　ツレ／されとも老に頼まぬは　シテ／身のゆくするゑの日かすなり

〔一セイ〕一セイ二人いつまて世をはわたつみの　あまりにひまもなみをふね」2オ　ツレ／なにを頼みに老の身の　下シテ／命のためにつかふへき

〔上ゲ歌〕上哥同うきなから　心のすこしなくさむは　〱　月の出しほのあま小舟　さもおもしろき　浦の秋のけしきかな　所は夕なみのなるとのおきに雲つゝく　あは」2ウちのしまやはなれえぬ　うき世のわさそかなしき　〱

〔サシ〕シテサシ／あんたう月をうつんてせいくはうなし　ツレ／舟にたくあまのかゝり火ふけすきて　二人とまよりくゝるよるの雨の　あしまにかよふ風ならては　をと」3オする物もなみまくらに　夢かうつゝか御経のこゑの　あらしにつれて聞ゆるそや　かちをとをしつめからろをおさへて　ちやうもんせはやとおもひ候」3ウ

（絵①）」4オ

3〔掛ケ合〕ワキ上／たそや此なるとのおきにをとするは　シテ／とまりさためぬあまのつり舟候よ　ワキ／さもあらはおもふしさいあり　このいそちかくよせ給へ　シテ／おほせにしたかひさしよせ見れは　ワキ／二人の僧はいはほの」4ウ上　シテ／いさりの舟はきしのかけ　ワキ／あし火のかけをかりそめに　御きやうをひらきとくしゆする　シテ／ありかたやいさりする　わさはあし火とおもひしに　ワキ／よきともしひに　シテ／なるとの海の　下二人くせひ」5オしんによかいりやつこうふしきのきえんによりて　五十てん〱のすいきくとくほん

〔下ゲ歌〕けに有かたや此きやうの　おもてそくらき浦風も　あし火のかけをふきたてゝ　ちやうもんするそ有かたき

〔上ゲ歌〕上哥同りう」5ウによへんしやうときく時は　〱　うはも頼もしや　おうちはいふにをよはす　ねかひもみつのくるまの　あしひはきよくあかすへし　猶々御経あそはせ　〱

4〔問答〕ワキ詞／あらうれしや候火のひかりにて心しつかに」6オ御経を
よみ奉りて候　先々此浦は平家の一門はて給ひたる所なれは　毎夜此い
そへに出て御きやうをよみ奉り候　とりわきいかなる人此浦にてはて給
ひて候そくはしく御物かたり候へ　シテ詞／おほせの」6ウことくあるひ
はうたれ又は海にもしつみ給ひて候　中にも小さいしやうのつほねこそ
や　もろともに御物かたり候へ」7オ

（空白）」7ウ

〔クリ〕ツレ上／さる程に平家の一門馬上をあらため　あまのをふねに
のりうつり　月にさほさす時もあり
〔サシ〕シテサシ／こゝたにも都のとをきすまの浦　おもはぬかたきに
おとされて　けに名をおしむものゝふの　おのころし」8オまやあはちか
た　あはのなるとに着にけり
〔クドキ〕ツレ中／さるほとに小さいしやうのつほね　めのとをちかつ
け　いかになにとかおもふ　我たのもしき人々は都にとゝまり　通盛は
うたれぬ　たれをたのみてなからふ」8ウへき　此海にしつまんとて　し
う〱なく〱手をとりくみ　ふなはたにのそみ　ツレ／さるにてもあ
の海にこそしつまふつらめ
〔下ゲ歌〕下同しつむへき身の心にや　なみたのかねてうかふらん
〔上ゲ歌〕上哥同にしはとゝへは月」9オの入　〱　そなたも見えす大
かたの　春の夜やかすむらん　なみたもともにくもるらん　めのとなく
〱とりつきて　此時の物おもひ　君一人にかきらす　おほしめしとま
り給へと　御衣の袖に取つくを　ふり」9ウきりうみに入と見て　老人も
おなしみちしほの　そこのみくつと成にけり　〱

5

6〔上ゲ歌〕ワキ上哥／此八ちくのちかひにて　〱　一人もらさしの
はうへんほんをとくしゆする
〔誦〕ワキ／によかしやくしよくはん

7〔誦〕後シテ上／こんしやいまん」10オそく
〔ノリ地〕ワキ／け一さいしゆしやう　かいりやうにうふつたうの　み
ちもりふうふ　御経にひかれて　立かへるなみの　シテ上／あら有かた
の　御法やな」10ウ

（絵②）」11オ

8〔掛ケ合〕ふしきやなさもなまめける御姿の　浪にうかひて見え給ふ
は　いかなる人にてましますそ
〔サシ〕ツレ女／名はかりはまたきえはてぬあたなみの　あはのなると
にしつみはてし　小さいしやうのつほねのゆうれいな」11ウり
〔掛ケ合〕ワキカヽル／今一人はかつちうをたいし　ひやうくいみしく
見えたまふは　いかなる人にてましますそ
〔名ノリグリ〕シテ上／是はいく田の森のかせんにをひて　名を天下に
あけ　ふしやうたつしほまれを　ゑちせんの三位通盛　むかしを」12オか

たらん其ために　是まてあらはれ出たるなり

9〔サシ〕サシ地抑この一谷と申はまへはうみ　うへはけはしきひよとりこえ　誠に鳥ならてはかけりかたくけたものも　あしをたつへき地にあらす　シテ上／たゝいくたひ」12ウも追手のちんを心もとなきそとて　下同むねとの一門さしつかはさる　通盛も其すい一たりしか　しのんて我ちんに帰り　小さいしやうのつほねにむかひ

〔クセ〕クセすてにいくさ　明日にきはまりぬ　いたはしや」13オ御身は通盛ならては此うちに　頼むへき人なし　我ともかくもなるならは　都にかへりわすれすは　なきあとゝひてたひ給へ　名こりおしみのおさかつき　みちもりしやくをとり　さすさかつきのよひのまも　うたゝ」13ウねなりしむつことは　たとへはもろこしの　かうかうそのせめをうけすかうくしかなんたも　これにはいかてまさるへき　ともし火くらふして　月のひかりにさしむかひ　かたりなくさむところに」14オ　しやていののとのかみ　はやかつちうをよろひつゝ　通盛はいつくにそ　なとをそなはり給ふそと　よはゝりし其こゑの　あらはつかしやのとのかみ我おとうとゝいひなから　他人より猶はつかしや　いとま」14ウ申てさらはとて　ゆくもゆかれぬ一谷の　所からすまの山の　うしろかみそひかるゝ」15オ

（絵③）」15ウ

10〔掛ケ合〕シテ詞／さる程にかせんやふれしかは　たしまのかみつねまさもはやうたれぬと聞ゆ　ワキカヽル／扨さつまのかみたゝのりのはてはいかに　下シテ／おかへの六弥太たゝすみとくんてうたれしかは　あつはれ通盛も名あるさふらひもかな」16オ　うちしにせんと待ところに　すはあれを見よきかたきに

〔歌〕あふみの國の住人に　〳〵　木むらの源五しけあきらか　むちをあけてかけ来る　道盛すこしもさはかす　ぬきまうけたる太刀なれはかふとの」16ウまつかうちやうとうち　かへす太刀にてさしちかへ　共にしゆらたうのくをうくる　あはれみをたれ給ひ　よくとふらひてたひ給へ

11〔キリ〕キリとくしゆのこゑをきく時は　〳〵　あつき心をやはらけにんにくしひのすかた」17オにて　ほさつもこゝにらいかうす　しやうしうとくたつの　身となりゆくそありかたき　〳〵」17ウ

きよつね（外題題簽）

1〔次第〕次第八重のしほちのうらのなみ　八重のしほちのうらのなみ　九重にいさやかへらん

〔名ノリ〕ワキ詞是は左中将きよつねの御内につかへ申　あはつの三郎と申者にて候　扨もたのみたてまつり候きよつねは　すきにしつ」1オくしのいくさにうちまけ給ひ　みやこへはとてもかへらぬみちしはの　さ

うひやうの手にかゝらんよりはとおほしめしけるか　ふせんの國やなきか浦のおきにして　ふけゆく月の夜舟より身をなけむなしくなり」1ウ給ひて候　又せんちうを見たてまつれは　御かたみのしな〳〵に　ひんのかみをのこしをかれて候ほとに　かひなき御かたみをもち　たゝ今都へ上り候

〔上ゲ歌〕道行此程は　ひなのすまひになれ〳〵て　たま〳〵かへるふるさと」2オの　むかしの春にひきかへて　今は物うき秋くれて　はやしくれふるたひ衣　しほるゝ袖の身のはてを　しのひ〳〵にのほりけり〳〵

〔着キゼリフ〕詞いそき候ほとに是ははや都につきて候

2〔問答〕いかにあむない申候あはつの三郎か」2ウまいりて候　それ〳〵御申候へ」3オ

（空白）」3ウ

ツレ詞＼なにあはつの三郎と申か　あらめつらしや人まてもなしこなたへ来り候へ　さてたゝ今はなにのための御つかひにてあるそ　ワキ詞＼さん候かくと申さんため是まては参りて候へ共　なにと申あくへきやらん」4オ　せんこをわきまへす候　ツレ＼あらふしきや何とて物をは申さてさめ〳〵となくそ　ワキ＼さん候めんほくもなき御つかひに参りて候　ツレ＼面目もなき御つかひとは　もし御とんせいにて有か　ワキ＼いや御とんせいにて」4ウも御座なく候　ツレ＼すきにしつくしのいくさにも御つゝかなきとこそきゝつるに　ワキ＼さん候過にしつくしのいくさにも御つゝかなく候ひしか　きよつね心におほしめすやうは　都へはとてもかへらぬ道しはの　さうひやうの」5オ手にかゝらんよりはとおほしめされけるか　ふせんの國やなきかうらのおきにして　ふけゆく月の夜舟より　身をなけむなしくなり給ひて候　ツレ上カヽル＼なに身をなけむなしく成給ひたるとや

〔クドキ〕うらめしやせめては」5ウうたれもしは又　やまふのゆかの露ともきえなは　ちからなしともおもふへきに　我と身をなけ給ふ事いつはりなりつるかねことかな　けにうらみても其かひの　なき世となるこそかなしけれ

〔下ゲ歌〕下同何事も　はかな」6オかりける世中の

〔上ゲ歌〕上哥此ほとは　人目をつゝむ我宿の　〳〵　かきほのすゝきふく風の　こゑをもたてすしのひねに　なくのみなりし身なれとも今はたれをかはゝかりの　ありあけ月のよたゝとも　なにかしのはん」6ウほとゝきす　名をもかくさてなくねかな　〳〵

3〔問答〕ワキ詞＼またせんちうを見たてまつれは　御かたみのしな〳〵にひんのかみをのこしをかれて候　是を御らんして御心をなくさめられ候へ」7オ

（絵①）」7ウ

〔クドキ〕下ツレ＼是は中将殿のくろかみかや　見れは目もくれ心きえ猶もおもひのまさるそや　見るたひに心つくしのかみなれは　うさにそかへすもとのやしろにと

〔歌〕たむけ返して夜もすから　なみたと共におもひねの　夢に」8オ成とも見えたまへと　ねられぬにかたふくる　まくらや恋をしらすらん〱

4〔サシ〕シテサシ／せいしんに夢なしたれあつてうつゝと見る　かんりにちりあつて三かいすほく　しんとうふしにして一生ひろし　けにやうしと見」8ウし世も夢　つらしとおもふもまほろしの　いつれあとある雲みつの　ゆくもかへるもゑんふのこきやうに　たとる心のはかなさよ
〔下ノ詠〕うたゝねに　こひしき人を見てしより　夢てふ物はたのみそめてき

5〔掛ケ合〕いかにいにしへ人清経こ」9オそ参りて候へ　ツレ上カヽル／ふしきやなまとろむまくらに見え給ふは　けにきよつねにてましませともまさしく身をなけ給へるか　夢ならていかゝ見ゆへきそ　よし夢なりとも御すかたを見ゝえ給ふそありかたき　さ」9ウりなからいのちをまたてわれと身をすてさせ給ふ御事はいつはりなりつるかね事なれは　たゝうらめしう候　シテ上カヽル／さやうに人をもうらみ給はゝ　これもうらみはありあけの　見よとてをくりしかたみをは　なに」10オしに返させ給ふらん　ツレ上カヽル／いやとよかたみをかへすとは　おもひあまりしことの葉の　見るたひに心つくしのかみなれは　シテ詞／うさにそかへすもとのやしろにと　さしもをくりしくろかみの　あかすはとむへきかたみそかし」10ウ　をろかと心得給へるや　なくさめとてのかたみなれとも見れはおもひのみたれかみ　シテ詞／わきてをくりしかひもなく　かたみをかへすはこなたのうらみ　ツレ／我はすてにし命の恨み　シテ／たかひにかこち　ツレ／かこたるゝ　シテ／か」11オたみそつらき　ツレ／くろかみの
〔上ゲ歌〕上哥同うらみをさへにいひそへて　〱　くねるなみたのたまくらを　ならへてふたりかあふ夜なれと　うらむれはひとりねの　ふし〱なるそかなしき　けにやかたみこそ　中〱うけれこ」11ウれなくは　わするゝ事もありなんと　おもふもぬらすたもとかな　〱」12オ

〔絵②〕」12ウ

6〔問答〕シテ／いにしへの事ともかたつてきかせ申候へし　今はうらみを御はれ候へ
〔サシ〕サシ扨も九州山家の城へもかたきよせきたるときゝしほとにとる物もとりあへす夜もすからたかせふねにとりのつて　ふせんの國やなき」13オといふ所につく　上地けにや所も名をえたる　うらはなみきのやなきかけ　いとかりそめのくはうきよをさたむ　シテ下／それよりうさ八まんに御さんけいあるへしとて　しんめ七疋其外金銀種々のさゝけ物　す」13ウなはちほうへいのためなるへし
〔掛ケ合〕ツレ上カヽル／かやうに申せはなをも身のうらみにたる事なれとも　さすかにいまた君まします　御代のさかひや一門の　はてをも見すしていたつらに　御身ひとりをすてし事　ま」14オことによしなき事ならすや　けに〱これも御ことはり　さりなからたのみなき世のしる

しのつけ　かたり申さんきゝたまへ

〔サシ〕下同そも〳〵うさ八まんにさんろうし　さま〳〵きせいをこたらす　かすのたのみ」14ウをかけまくも　かたしけなくもみとしろのにしきの内よりあらたなる　御こゑを出してかくはかり

〔上ノ詠〕シテ上／世中の　うさにはかみもなきものを　なにいのるらん心つくしに

〔詠〕下地／さりともとおもふ心もむしのねも」15オ　よはりはてぬる秋のくれかな

〔歌〕シテ下／扨はふつしん三ほうも　下同すてはて給ふと心ほそくて一門はきをうしなひちからをおとして　あしよはくるまのすこ〳〵とくはんかうなしたてまつる　あはれなりしあ」15ウりさま

〔クセ〕クセかゝりける所に　長門のくにへも　かたきむかふときゝしかは　又舟に取のりて　いつくともなくをし出す　心のうちそあはれなる　けにや世中の　うつるゆめこそまことなれ　保元の春の花　しゆ」16オゑいの秋のもみちとて　ちり〳〵になりうかふ　一えうの舟なれや　柳かうらの秋風の　をひてかほなるあとのなみ　しらさきのむれゐる松みれは　けんしのはたをなひかす　たせいかときもをけす　こゝにきよつね」16ウは　心にこめておもふやう　さるにても八まんの　御たくせんあらたに　しんこんにのこることはり　まことしやうしきの　かうへにやとり給ふかと　たゝ一すちにおもひとり　上シテ／あちきなやとてもきゆへき露の身を」17オ　なをゝきかほにうき草の　なみにさそはれ　舟にたゝよひていつまてか　うきめを水鳥の　しつみはてんとおもひきり　人にはいはていはしろの　まつことありやあかつきの　月にうそふくけしきにて　舟の」17ウへいたにたちあかり　こしよりやうてうぬき出し　ねもすみやかにふきならし　今やうをうたひらうゑいし　こし方ゆくするゑをかゝみて　つゐにはいつかあたなみの　帰らぬはいにしへとまらぬは心つくしよ　此世とて」18オもたひそかし　あらおもひ残さすやと　よそめにはひたふる　きやうしんと人や見るらん　よし人はなにとも　見る目をかりのよるの空　にしにかたふく月を見れは　いさや我もつれんと　南無あみた佛みた如来　むかへ」18ウさせたまへと　たゝ一こゑをさいこにて　舟よりかつはとおちしほの　そこのみくつとしつみ行　うき身のはてそかなしき」19オ

（絵③）」19ウ

7〔クドキグリ〕ツレ／きくに心もくれはとり　うきねにしつむなみたの雨の　うらめしかりけるちきりかな

〔下ノ詠〕シテ下／いうならく　ならくもおなしうたかたの　あはれはたれも　かはらさりけり

〔中ノリ地〕下シテ／扨しゆらたうにをちこちの　〳〵　たつき」20オはかたきあめはやさき　つちはせいけん山はてつしやう　雲のはたてをついて　きやうまんのつるきをそろへ　しやけんのまなこのひかり　あひよくとのいちつうけんたうしやう　むみやうもほつしやうもみたるゝかたき　うつはなみひ」20ウくはうしほ　さいかい四かいのゐんくはを見せて　是まてなりやまことはさいこ　十ねんみたれぬみのりの舟に　た

のみしままにうたかひもなく　けにもこゝろはきよつねか　けにもこゝろはきよつねか　ふつくは」21オをえしこそありかたけれ」21ウ

三輪（外題題簽）

1〔名ノリ〕ワキ詞是は和州三輪の山かけにすまゐするけんひんと申者にて候　扨も此ほとしきみあかの水をくみて来るものゝ候　けふも来りて候はゝ　いかなる者そと名をたつねはやとおもひ候

2〔次第〕シテ次第／三わ」1オの山もとみちもなし　〳〵　ひはらのおくを尋ねん

〔サシ〕サシけにやらうせうふちやうとて　世の中々に身は残り　いく春秋をかをくりけん　あさましやなす事なくていたつらに　うき年月を三わ」1ウのさとに　すまゐする女にて候　詞又此山かけにけんひんそうつとて　たつとき人の御入候ほとに　いつもしきみあかの水をくみて参らせ候　けふも又まいらはやとおもひ候

3〔(掛ケ合)〕ワキ上カヽル／さんとうにはよる」2オこりんの月をいたゝきとうこうにはあした一へんの雲をはく　山田もるそうつの身こそかなしけれ　秋はてぬれは　とふ人もなし」2ウ

（絵①）」3オ

〔問答〕シテ詞／いかに此あんしつの内へあんない申候はん　ワキ詞／案内申さんとは又いつも来れる人か　シテ上カヽル／さんゑいもんに入てをせとも出す　ワキ上カヽル／けつくはうちにしいて　はらへ共又しやうす二人てうせいとこしなへにし」3ウてらうせいとしつかなるさんきよ

〔歌〕下同しはのあみ戸をゝしひらき　かくしもたつねきりしきみ　つみをたすけてたひ給へ

〔上ゲ歌〕上哥秋さむきまとのうち　〳〵　のきの松風うちしくれ　木の葉かきしく」4オにはのおも　かとはむくらやとちつらん　したひのみつをとも　こけに聞えてしつかなる　此山すみそさひしき

4〔問答〕シテ詞／いかに上人に申へき事の候　秋も夜さむになり候へは御衣を一ゑ給り候へ　ワキ詞／やすき」4ウ程の事此ころもを参らせ候扨々御身はいつくにすむ人そ　シテ／わらはかすみかは三わのさと　山もとちかき所なり　其上わかいほは　三わの山もとこひしくはとはよみたれとも　なにしに我をはと」5オひたまふへき　猶もふしんにおほしめさは　上カヽルとふらひきませ

〔歌〕上同杉たてるかとをしるしにて　たつねたまへといひすてゝ　かきけすことくにうせにけり」5ウ

（絵②）」6オ

5

6〔上ゲ歌〕上哥此さうあんを立出て　〱　ゆけはほとなく三わのさ
と　ちかきあたりか山かけの　松はしるしもなかりけり　すきむらはか
りたつなる　神かきはいつくなるらん　〱

7〔□〕カヽルふしきやな是なる杉の二もとを」6ウ見れは　ありつる女人
にあたへつる衣のかゝりたるそや　詞よりてみれはころものつまにこん
しきのもしすはれり　よみて見れは哥なり
〔下ノ詠〕下カヽルみつのわは　きよくきよきそから衣　くるとおもふ
な　と」7オるとおもはし

8〔上ノ詠〕後シテ上／ちはやふる　神もねかひのあるゆへに　人のちく
うに　あふそうれしき

9〔掛ケ合〕ワキカヽル／ふしきやな是なる杉の木かけより　たえなる御
こゑ聞えさせ給ふそや　ねかはくはまつせのしゆしやうのね」7ウかひを
かなへ　御すかたをまみえおはしませと　ねんくはんふかきかんるいに
すみの衣をぬらすそや　シテ上カヽル／はつかしなから我すかた　上人に
まみえ申へし　つみをたすけてたひ給へ　ワキ／いやつ」8オみとかはに
んけんにあり　これはたえなるしんたうの　シテ／しゆしやうさいとの
はうへんなるを　ワキ／しはしまよひの　シテ／人心や
〔上ゲ歌〕上同女すかたと三わの神　〱　ちはやかけおひ引かへて
たゝはうり」8ウこかちやくすなる　ゑほしかりきぬ　もすその上にかけ
御影あらたに見え給ふ　かたしけなの御事や
9ウ

10〔クリ〕クリ地それ神よのむかし物かたりは　まつたいのしゆしやうの
ため　さいとはうへんのことわさ　し」9オな〱もつて世のためなり」

（絵③）」10オ

〔サシ〕シテサシ／中にも此しきしまは　人うやまってしんりきます
同五しよくのちりにましはり　しはし心はあしひきの　やまとの國にと
し久しきふうふのものあり　やちよをこめし玉つはき　かはらぬ色を
た」10ウのみけるに
〔クセ〕下クセされとも此人　よるはくれともひる見えす　有夜のむつ
ことに　御身いかなるゆへにより　かく年月をゝくる身の　ひるをはな
にとうは玉の　よるならてかよひ給はぬは　いとふしむお」11オほき事な
り　たゝおなしくはとこしなへに　ちきりをこむへしとありしかは　か
の人こたへいふやう　けにもすかたははつかしの　もりてよそにやしら
れなん　今より後はかよふまし」11ウ　ちきりもこよひはかりなりと
ねんころにかたれは　さすかわかれのかなしさに　かへる所をしらむと
て　をたまきにはりを付　もすそに是をとちつけて　あとをひかへてし
たひゆく」12オ　上シテ／またあをやきのいとなかく　むすふやはや玉の
をのかちからにさゝかにの　いとくり返しゆくほとに　此山もとのかみ
かきや　杉のした枝にとまりたり　こはそもあさましや　ちきりし人の
すかた」12ウか　其いとの三わけ残りしより　三わのしるしのすきし世を

かたるにつけてはつかしや
11〔ロンギ〕上ロンキ地／けにありかたき御さうかう　きくにつけても法のみち　なをしもたのむ心かな　シテ上／とて」13オも神よの物かたり　くはしくいさやあらはし　かの上人をなくさめん　上地／先はいは戸のそのはしめ　かくれし神をいたさんとて　やをよろつの神あそひ　是そかくらのはしめなる
〔詠〕シテ上／ちはやふる」13ウ
12〔クリ〕上ワカ／あまのいは戸をひきたてゝ　神はあとなく入たまへは　とこやみの夜とはやなりぬ
〔□〕シテ下／やをよろつの神たち　いは戸のまへにて是をなけき　かくらをそうしてまひたまへは」14オ
(絵④)」14ウ
〔ノリ地〕上地／てんせう大しんその時に　いは戸をすこし　ひらき給へは
〔□〕又とこやみの雲はれて　日月ひかりかゝやけは　人のおもてしろ〳〵と見ゆる
13〔ノリ地〕シテ／おもしろやと　神のみこゑの　たえなるはしめの物」15オかたり
〔歌〕下同おもへはいせと三わの神　〳〵　一たいふんしんの御事　いまさらなにといはくらや　其せきの戸の夜もあけ　かく有かたきゆめのつけ　さむるや名残なるらん　〳〵」15ウ

松風（外題題簽）

1〔名ノリ〕ワキ詞／是は諸國一見の僧にて候　我いまたさいこくを見す候ほとに　此度おもひ立西國あんきやと心さし候
〔着キゼリフ〕あらうれしや急候ほとに　是ははや津の國すまのうらとかや申候　又是なるいそへを見れは　やうありけな」1オる松の候　いかさまいはれのなき事は候まし　此あたりの人にたつねはやとおもひ候
2
3〔□〕ワキカヽル扨は此松は　いにしへ松風むら雨とて　二人のあまのきうせきかや　いたはしや其身はとちうにうつもれぬれとも　名は残るよのしるし」1ウとて　かはらぬ色の松一木　みとりの秋をのこす事のあはれさよ　詞か様にきやうねんふつしてとふらひ候へは　けに秋の日のならひとてほとなふくれて候　あの山もとのさとまてはほと遠く候ほとに　是なるあま」2オのしほやにたちより　一夜をあかさはやとおもひ候」2ウ
(絵①)」3オ

4〔一セイ〕一セイ二人／しほくみくるまわつかなる　うき世にめくるは
かなさよ　ツレ／なみこゝもとやすまの浦　二人月さへぬらすたもとかな
〔サシ〕シテサシ／こゝろつくしの秋風に　うみはすこし遠けれとも
二人かのゆきひらのちうなこん　せきふきこゆると」3ウなかめ給ふ　浦
はのなみのよる〱は　けにをとちかきあまの家　さとはなれなるかよ
ひちの　月よりほかはともゝなし　シテ上／けにやうき世のわさなから
ことにつたなきあまをふねの　わたりかねたる夢のよに　すむ」4オとや
いはんうたかたの　しほくみくるまよるへなき　身はあま人の袖ともに
おもひをほさぬ心かな
〔下ゲ歌〕下同かくはかり　へかたく見ゆる世の中に　うら山しくも
すむ月の　てしほをいさやくまふよ　〱
〔上ゲ歌〕上哥かけはつかし」4ウき我すかた　〱　しのひくるまをひ
くしほの　あとに残れるたまり水　いつまてすみははつへき　野中の草
の露ならは　日かけにきえもうすへきに　これはいそへによりもかく
あまのすて草いたつらに　くちま」5オさりゆくたもとかな　〱
5〔サシ〕シテカヽル／おもしろやなれてもすまの夕まくれ　あまのよひ
こゑかすかにて　おきにちいさきいさり舟の　かけかすかなる月のかほ
かりのすかたやともちとり　のわきしほ風いつれもけに　かゝ」5ウる所
の秋なりけり　あら心すこのよすからやな
〔掛ケ合〕シテ上／いさ〱しほをくまんとて　みきはにみちひのしほ
ころもの　ツレ／袖をむすんてかたにかけ　シテ／しほくむためとはおも
へとも　ツレ／よしそれとても　シテ／をんなくるま」6オ
〔上ゲ歌〕上哥同よせてはかへるかたほ浪　〱　あしへのたつこそは
立さはけ　よものあらしもをとそへて　夜さむなにとすこさん　ふけ行
月こそさやかなれ　くむはかけなれや　やくしほけむり心せよ　さのみ
なとあま人の　うき秋」6ウのみをすこさん
〔下ゲ歌〕松しまや　をしまのあまの月にたに　かけをくむこそ心あ
れ　〱
〔ロンギ〕上ロンキ地／はこふは遠きみちのくの　其名やちかのしほか
ま　シテ／しつかしほ木をはこひしは　あこきかうらにひくしほ　地／そ
のいせ」7オのうみのふた見の浦　二たひよにも出はや　シテ／松のむら
立かすむ日に　しほちやとをくなるみかた　地／それはなるみかた
こゝはなるおの枩かけに　月こそさはれあしのや　シテ上／なたのしほ
をくむうき身そ」7ウと　人にやたれもつけのくし　地／さしくるしほを
くみわけて　見れは月こそおけにあれ　シテ／是にも月の入たるや　下地
／うれしやこれも月あり　シテ／月はひとつ　地／かけはふたつ　みつし
ほの　よるのくるまに月をのせ」8オて　うしともおもはぬしほちかな
や」8ウ

（絵②）」9オ

6〔□〕ワキ詞／しほ屋のあるしのかへりて候　宿をからはやとおもひ候
〔問答〕いかに是成しほ屋のうちへあんない申候　ツレ詞／たれにてわ
たり候そ　ワキ／是は諸國一見の僧にて候　一夜のやとを御かし候へ

ツレ／しはらく御まち候へ　あるしにそ」9ウのよし申候へし
〔問答〕いかに申候　たひ人の御入候か　一夜の御やととおほせ候
シテ詞／あまりに見くるしきしほやにて候ほとに　御宿はかなふましき
と申候へ
〔問答〕ツレ／あるしに其よし申て候へは　しほ屋の内見くるしく候ほ
とに」10オ　御宿はかなふましきよしおほせ候　ワキ／いや〱見くるし
きはくるしからす候　しゆつけの事にて候へは　ひらに一夜をあかさせ
て給り候へとかさねて御申候へ　ツレ／いやかなひ候まし　シテ色／しは
らく　月の夜か」10ウけに見たてまつれはよをすて人　よし〱かゝるあ
まの家　松の木はしらに竹のかき　夜さむさこそとおもへ共　あしひに
あたりておとまりあれと申候へ　ツレ詞／こなたへ御入候へ　ワキ詞／あ
らうれしやさらはかう参うす」11オるにて候

7〔問答〕シテ詞／はしめより御宿まいらせたくは候つれとも　あまりに
見くるしく候ほとにさていなと申て候　ワキ詞／御心さしありかたう候
出家と申たひといひ　とまりはつへき身ならねは　いつくをやとゝさた
むへき」11ウ　其上此すまの浦に心あらん人は　わさともわひてこそすむ
へけれ　わくらはにとふ人あらはすまのうらに　もしほたれつゝわふと
こたへよと　ゆきひらもゑいし給ひしとなり　又あのいそへに一木の枩
の候を　人にたつねて」12オ候へは　松風むら雨二人のあまのきうせきと
かや申候ほとに　きやくえんなからとふらひてこそをり候つれ　あら
ふしきや　枩風むらさめの事を申て候へは　二人ともに御しうしやう候
これは何と申たる事にて候そ」12ウ　けにやおもひうちにあれは　色ほか
にあらはれさふらふそや　わくらはにとふ人あらはの御物かたり　あま
りになつかしう候て　猶しうしんのえんふのなみた　二たひ袖をぬらし
さふらふ　ワキ詞／猶しうしんのえんふ」13オのなみたとは　今は此よに
なき人のことはなり　又わくらはのうたもなつかしひなとゝうけ給はり
候　かた〱ふしんに候へは　二人ともに名を御なのり候へ

8〔クドキグリ〕二人上／はつかしや申さんとすれはわくらはに　ことゝ
ふ人もなきあとの　世」13ウにしほしみてこりすまの　うらめしかりける
こゝろかな
〔クドキ〕此上は何をかさのみつゝむへき　これはすきつる夕くれに
あの枩かけのこけのした　なきあとゝはれまいらせつる　松風むら雨二
人の女の　ゆうれいこれま」14オて来りたり　扨もゆきひら三とせかほと
御つれ〱のみふねあそひ　月に心はすまの浦　夜しほをはこふあまを
とめに　おとゝひえらはれまいらせつゝ　折にふれたる名なれやとて
松風むら雨とめされしより　月に」14ウもなるゝすまのあまの　しほやき
ころも色かへて　かとりのきぬのそらたきなり　シテ／かくて三とせも
すきゆけは　行平都に上り給ひ　ツレ／いく程なくて世をはやうさり給
ひぬときゝしより　シテ下／あらこひしやさ」15オるにても　又いつの世
のをとつれを
〔歌〕下同枩風もむら雨も　袖のみぬれてよしなやな　身にもをよは
ぬこひをさへ　すまのあまりにつみふかし　あととふらひてたひ給へ」

15ウ

（絵③）」16オ

〔上ゲ歌〕上哥こひくさの　露もおもひもみたれつゝ　〱　こゝろきやうきになれころもの　みの日のはらひやゆふしての　神のたすけもなみの上　あはれにきえしうき身なり

〔クセ〕クセあはれいにしへを　思ひ出れはなつかしや　行平の中納言　三とせは」16ウこゝにすまの浦　都へ上り給ひしか　此ほとのかたみとて　御たてゑほしかりきぬを　残しをき給へとも　是を見るたひにいやましのおもひ草　はすゑにむすふ露のまも　わすられはこそあちきなや　かたみこそ今はあ」17オたなれ是なくは　わするゝひまもありなんと　よみしもことはりや　猶思ひこそはふかけれ　上シテ／よひ〱にぬきてわかぬるかり衣　かけてそ頼むおなし世に　すむかひあらはこそわすれかた見もよしなしと　すてゝもをかれす」17ウ　とれはおもかけにたちまさり　おきふしわかて枕より　あとよりこひのせめくれは　せんかたなみたに　ふししつむ事そかなしき

9〔下ノ詠〕シテ下／みつせ川　たえぬなみたのうきせにも　みたるゝこひの　ふちはありけり

〔掛ケ合〕上あらうれしやあれに」18オゆきひらの御立あるか　枩風とめされさふらふそや　いて参らふ　ツレ／あさましや其御心ゆへにこそしうしんのつみにもしつみ給へ　しやはにてのまうしうをなをわすれ給はぬそや　あれは松にてこそ候へ　ゆきひらは御入もさ」18ウふらはぬものを　シテ詞／うたての人のいひことや　あの枩こそはゆきひらよ　たとひしはしはわかるゝとも　まつとしきかは帰りこんと　つらね給ひしことのはいかに　ツレ／けになふわすれてさふらふそや　たとひしはしはわかるゝ共　または」19オこんとのことの葉を　シテ中／こなたはわすれす枩風の　立かへりこん御をとつれ　ツレ／つゐにもきかはむら雨の袖しはしこそぬるゝとも　シテ／松にかはらてかへりこは　ツレ／あらたのもしの　シテ／御哥や

10〔（ワカ）〕上地　立わかれ」19ウ

（絵④）」20オ

〔ワカ〕シテワカ／いなはの山のみねにおふる　まつとしきかは今かへりこん

11〔ノリ地〕それはいなはの　遠山枩　下同是はなつかし　きみこゝにすまの浦はの　枩のゆきひら　立かへりこは　我もこかけに　いさ立よりて　そなれ松の　なつかしや

〔ノリ地〕上同キリ松に」20ウふきくる　風もきやうして　すまのたかなみ　はけしきよすから　まうしうのゆめに　見ゝゆるなり　我あとゝひて　たひ給へ　いとま申て

〔歌〕かへる浪のをとの　すまの浦かけて　ふくやうしろの山おろしせきちの鳥もこゑ〱」21オに　夢もあとなく夜もあけて　むら雨ときゝしも　けさ見れは　枩風はかりや残るらん　〱」21ウ

あこき（外題題簽）

1〔次第〕次第心つくしの秋風に〳〵木のまの月そすくなき

〔名ノリ〕ワキ詞＼是は九州日向の國の者にて候　我いまた太神宮に参らす候程に　たゝ今おもひたちて候

〔上ゲ歌〕道行日にむかふ　國の浦舟こき出て〳〵八重のしほちをはる〳〵」1オ〳〵と　分こしなみのあはちかた　かよふ千鳥の聲聞て旅のねさめを須まのうら　せきの戸ともに明くれて　あこきか浦に着にけり〳〵

〔着キゼリフ〕詞いそき候ほとに　是ははや伊勢の國あこきかうらに着て候　しはらく」1ウ人を相待　所の名所をも尋はやとおもひ候

2〔一セイ〕一セイシテ＼なみならて　ほすひまもなきあまころも　身のあきいつとかきらまし

〔サシ〕サシそれ世をわたるならひ　我一人にかきらねとも　せめてはしよくをいとなむ田夫ともならす　かくあさましき」2オせつしやうの家にむまれ　あけくれ物の命をころす事のかなしさよ　つたなかりける殺生かなとはおもへとも　うき世のわさにて候ほとに　今日も又つりに出て候」2ウ

（絵①）」3オ

3〔問答〕ワキ詞＼いかに是成せうとのに尋申へき事の候　シテ詞＼こなたの事にて候か何事にて候そ　ワキ＼此浦をはあこきか浦と申候　シテ＼さん候この所をはあこきかうらと申候　ワキ＼扨は承をよひたるあこきかうらにて候ひけるそや」3ウ古き哥に　伊勢のうみあこきかうらにひくあみも　たひかさなれはあらはれにけり　かやうによまれし浦なるそやあらおもしろや候　シテ詞＼あらやさしの旅人や　所の和哥なれはなとかはしらて候へき　かの六条の哥に」4オ　あふ事もあこきか浦にひくあみも　たひかさならはあらはれやせん　かやうによまれしあま人なれはさも心なきいせをの蜑の　みるめもかろき身なれはとて　いやしみ給ひ候なよ

〔掛ケ合〕ワキカヽル＼けにや名所きうせきに」4ウ　なれて年へは心なき　シテ＼あまのたくもの夕けふり　ワキ＼身をたくへきにはあらねともシテ＼すめは所による波の　ワキ＼をともかはるか　シテ＼聞給へ

〔上ゲ歌〕上哥同物の名も　所によりてかはりけり〳〵なにはのあしのうら風も　爰には」5オ伊勢のはまおきの　をとをかへて聞給へ　もしほやく　けふりも今はたへにけり　月みんとての　あまのしわさにとゆるされ申あま衣　しきしまによりくる　人なみにいかてもるへき」5ウ

（絵②）」6オ

4〔問答〕ワキ詞＼此浦をあこきか浦と申いはれ御物かたり候へ

〔語リ〕シテ詞＼そうして此うらをあこきか浦と申は　いせ太神宮御くはうりんよりこのかた　御膳てうしんのあみをひく所なり　されは神の

御ちかひによるにや　海邊のうろくつ　此」6ウ所におほくあつまるによりて　うき世をわたるあたりのあま人　此所にすなとりをのそむといへとも　神前のをそれ有により　かたくいましめてこれをゆるさぬ處にあこきといふあま人　わさにのそむ心のかなしさは　よ」7オる〱しのひてあみをひく　しはしは人もしらさりしに　たひかさなれはあらはれて　あこきをいましめ所をもかへす　此浦のおきにしつめけり　さなきたにいせをのあまのつみふかき　身をくるしみの海のおも　かさねてを」7ウもきつみとかを　うくるやめいとのみちまても

〔歌〕下カヽル同しやはにての名にしおふ　今もあこきかうらめしやかしやくのせめもひまなくて　くるしみもたひかさなる　つみとふらはせたまへや

〔(クセ)〕はつかしやいにしへを　かたるもあまりけに」8オ　あこきかうき名もらす身の　なき世かたりのいろ〱に　にしき木のかすつもり　ちつかのちきりしのふ身の　あこきかたとへうき名たつ　のりきよと聞えし　其哥人のしのふつま　あこき〱といひけんも　せめ一人にたひ」8ウかさなるそかなしき」9オ

（絵③）」9ウ

5〔ロンギ〕上ロンキ地ふしきや扨はゆうれいの　まほろしなからあらはれて　しうしんの浦なみの　あはれなりけるちくうかな　シテ上／一樹のやとりをも　他生のえんときく物を　御身もさきの世の　ちくうをすこし松かけに　浦ふれたまへすみ衣　地／日も」10オ夕くれのしほけふりたちそふかたやいさり火の　シテ／かけもほのかに見えそめて　地／うみへもはるゝ村きりに　シテ／すはや手くりの　地／あみのつな　くり返しくりかへし　うきぬしつむと見しよりも　にはかにはやてふき　うみつらく」10ウらくかきくれて　しき浪も立そひ　いさりのともしきえうせてこはそもいかにとさけふこゑの　なみに聞えしはかりにて　あとはかもなく失にけり　〱

6

7〔上ゲ歌〕ワキ上哥／いさとふらはん数々の　〱　法の中にも一せうの　たへなる花のひも」11オときて　苔の衣の玉ならは　つゐにひかりはくらからし　〱

8〔下ノ詠〕後シテ下／あまのかる　もにすむゝしの我からと　ねをこそなかめ　世をはうらみし

〔サシ〕上今夜はすこしなみあれて　御膳のにえのあみはまた引れぬよなふ　よきひまなりと」11ウ夕月なれは　よひよりやかて入しほの　みちをかへ人めをしのひ〱に引あみの　おきにもいそにも舟は見えすたゝ我のみそあこの海

〔一セイ〕あこきかしほ木こりもせて　地／猶しうしんのあみをかん

9〔一セイ〕シテ／いせのうみ　清きなきさのたま〱」12オも　地／とふ

こそたより法のこゑ　シテ／みゝにはきけとも猶心には
〔ノリ地〕上地たゝつみをのみ　もちあみの　なみはかへつて　みや
うくわとなるそや　あらあつや　たえかたや」12ウ

〔絵④〕」13オ

10〔中ノリ地〕うしみつすくるよるの夢　〳〵　見よやいんくはのめく
りくる　火車に業つむかす　苦しめて目のまへの　ちこくも誠なりけに
おそろしのけしきや　下シテ／思ふもうらめしいにへの　〳〵　しやは
の名をえし　あこきか此うらに」13ウ　猶しうしんの　心ひくあみの　て
なれしうろくつ今はかへつて　あくきよとくしやとなつて　くれむ大く
れんの氷に　身をいためほねをくたけは　さけふいきは　せうねつ大せ
うねつの　ほのほけふり雲きり　たちゐにひま」14オもなき　めいとのせ
めもたひかさなる　あこきか浦のつみとかを　たすけたまへや旅人よ
たすけたまへやたひ人とて　又なみに入にけり　またなみのそこにいり
にけり」14ウ

あふひの上（外題題簽）

1〔名ノリ〕大臣／そも〳〵是はしゆしやくゐんにつかへ奉る臣下なり
扨も左大臣の御そくちよ　あふひの上の御物のけ　以外に御座候ほとに
貴そうかうそうをしやうし申され　大ほうひほういれう　さま〳〵の御
事にて候へ共　さら」1オに其しるしなし　爰にてる日のみことて　かく
れなきあつさの上すの候をめして　いきりやうしりやうの間をあつさに
かけさせ申せとの御事にて候ほとに　此よしを申つけはやと存候
2〔問答〕いかにたれか有　てる日のみ」1ウこをめして参り候へ
〔□〕神子／天しやう〳〵地しやう〳〵　ないけしやう〳〵六こんしや
う〳〵
〔上ノ詠〕より人は　いまそよりくるなかはまの　あしけのこまに
たつなゆりかけ」2オ

〔絵①〕」2ウ

3〔一セイ〕シテ一セイ／みつのくるまにのりの道　くはたくのかとをや
出ぬらん　二句／ゆふかほのやとのやれくるま　やるかたなきこそかな
しけれ
〔次第〕次第／うき世はうしのをくるまの　〳〵　めくるやむくひなる
らん
〔サシ〕サシ／をよそりんゑはくるまのわのことく　六」3オしゆ四しや
うを出やらす　人間のふちやうはせをはうまつの世のならひ　きのふの
花はけふの夢と　おとろかぬこそをろかなれ　身のうきに人のうらみの
猶そひて　わすれもやらぬわかおもひ　せめてやしはしなくさむと　あ
つさのゆみ」3ウにをんりやうの　是まてあらはれ出たるなり
〔下ゲ歌〕下哥あらはつかしやいまとても　しのひくるまの我すかた

〔上ゲ歌〕月をはなかめあかすとも〳〵月には見えしかけろふの
あつさのゆみのうらはつに　立よりうきをかたらん〳〵

4〔□〕シテ下／あつさの」4オゆみのをとはいつくそ〳〵
〔下ノ詠〕神子／あつまやの　もやのつま戸にゐたれとも　シテ下／すか
たなけれは　とふ人もなし
〔(掛ケ合)〕神子／ふしきやなたれとも見えぬ上らうの　やふれくるま
にめされたるに　あを女房とおほしき人の　うしもなきくるまのなか」
4ウえにとりつき　さめ〳〵となき給ふいたはしさよ
〔問答〕もしかやうの人にてもや候らん　大臣／大かたはすいりやう申
て候　たゝつゝます名を御名のり候へ

5〔クドキグリ〕シテ上／それしやはてんくはうのさかひには　うらむへ
き人もなく　かなしむへき身もあ」5オらさるに　いつ拟うかれそめつら
ん
〔クドキ〕たゝいまあつさのゆみのをとに　ひかれてあらはれ出たる
をは　いかなるものとかおほしめす　是は六条のみやす所のをんりやう
なり　我世に有しいにしへは　うんしやうのはなのえん　春のあしたの
御遊」5ウになれ　せんとうのもみちの秋の夜は　月にたはふれいろかに
そみ　はなやかなりし身なれとも　おとろへぬれはあさかほの　日かけ
まつまのありさまなり　たゝいつとなき我心　ものうき野へのさはらひ
の　もえ出そめしおもひの露」6オ　かゝるうらみをはらさんとて　是
まてあらはれ出たるなり
〔下ゲ歌〕下同おもひしらすや世中の　なさけは人のためならす
〔上ゲ歌〕上哥われ人のためつらけれは〳〵かならす身にもむく
ふなり　なにをなけくそくすの葉の　うらみはさらにつきすまし
〳〵」6ウ

(絵②)」7オ

6〔掛ケ合〕シテ下／あらうらめしや　今はうたてはかなひ候まし　神子／
あらあさましや六条のみやす所ほとの御身にて　うはなりうちの御ふる
まひ　いかてさる事の候へき　たゝおほしめしとまりたまへ　シテ詞／
いやいかにいふとも　今はうたてはかなふま」7ウしと　まくらに立より
ちやうとうては　神子／此上はとてたちよりて　わらはゝあとにてくを
見する　シテカヽル／今のうらみはありしむくひ　神子／しんゐのほむらは
シテ／身をこかす　神子／おもひしらすや　シテ／おもひしれ　う
〔段歌〕上同らめしの心や　あらうらめしの心や」8オ　人のうらみの
ふかくして　うきねになかせ給ふとも　いきて此よにましまさは　水く
らき　さはへのほたるのかけよりも　ひかる君とそちきらん　シテ下／
わらはゝよもきふの　同もとあらさりし身となりて　はすゑの露ときえ
もせは　そ」8ウれさへことにうらめしや　ゆめにたに　かへらぬものを
我ちきり　むかしかたりになりぬれは　なをもおもひはますかゝみ　其
おもかけもはつかしや　まくらにたてるやれくるま　うちのせかくれゆ
かふよ〳〵

7〔問答〕大臣／いかにたれか有　あふ」9オひの上の御ものゝけ　いよ〳〵もつての外に御座候ほとに　よかはの小ひしりをしやうして来り候へ

〔問答〕ワキ上／九しきのまとのまへ　十せうのゆかのほとりに　ゆかのほつすいをたゝへ　三みつの月をすます所に　詞あんない申さんとは」9ウいかなる者そ　シカ〳〵　ワキ／此あひたは別行のしさいあつていつかたへもまかり出す候へとも　おとゝよりの御つかひと候程に　やかてまいらふするにて候」10オ

（絵③）」10ウ

〔問答〕大臣／たゝ今の御出御たいきにて候　ワキ／うけたまはり候扨ひやう人はいつくに御座候そ　大臣／あれなる大床に御座候　ワキ／さらはやかてかちし申さふするにて候　大臣／畏て候

8〔□〕ワキ上／きやうしやはかちにまいらんと　ゑんの行者のあ」11オとをつき　たいこんりやうふのみねをわけ　七ほうの露をはらひしすゝかけに　詞ふしやうをへたつるにんにくのけさ　あか木のしゆすのいらたかを　さらり〳〵とをしもんて　上カヽルひといのりこそいのつたれなまくさまん」11ウたはさらた

9〔掛ケ合〕後シテ／いかにきやうしやはやかへり給へ　かへらてふかくしたまふなよ　ワキカヽル／たとひいかなるあくりやうありとも　きやうしやのほうりきつくへきかと　かさねてしゆすをしもんて

〔中ノリ地〕東方にかう三せ明王」12オ　シテ／南方くんたり夜叉　ワキ／西方大いとく明王　シテ／北方こんかう　上地／やしや明王　シテ／ちうわう大しやう　ふとうみやうわう　なまくさまんたはさらた　せんたまかろしやな　そはたやうんたらたかんまん　ちやうか」12ウせつしやとくたいちゑ　ちかしんしやそくしんしやうふつ

〔□〕シテ下／あら〳〵おそろしの　はんにやこゑや　下同是まてそおんりやう　此のち又もきたるまし」13オ

（空白）」13ウ

10〔キリ〕下同キリとくしゆのこゑをきく時は　〳〵　あつき心をやはらけ　にんにくしひのすかたにて　ほさつも爰にらいかうす　しやうふつとくたつの　身となりゆくそありかたき　〳〵」14オ

（空白）」14ウ

盛久（外題題簽）

1〔問答〕シテ詞いかに土屋殿に申へき事の候　我年月清水の観世音を信し　毎日あゆみをこたる事なし　今関東に下るならは　是か限り成へし清水の方へこしを立て給り候へ　最後の念願申候はん　ワキ安間の御事東山の」1オかたへこしを立られ候へ

2〔サシ〕シテサシ╲なむや大慈大悲のくわんせをんさしもくさ　さしも
かしこきちかひのすゑ　一せう一念猶たのみあり　ましてやたねんちく
の御けちえんむなしからむや　あら御名こりおしや」1ウ上地╲かへる春なき名
〔一セイ〕一セイいつか又　清水寺の花さかり
残かな」2オ
（空白）」2ウ
シテ╲をとにたてぬもをとは山　上地たきつ心を人しらし
〔サシ〕シテサシ╲見わたせは柳さくらをこきませて　にしきとみゆる
こきやうのそら　又いつかはとおもひ出の　かきりなるへきあつまちに
思ひ立こそ名残なれ」3オ　シテ╲我なましゐにきうはの家にむまれ　世
上にかくれなき身とて　おもはさる外のりよかうの道　せきのひかしに
おもむけは　あと白河をゆくなみの　いつ帰へきたひならん
〔下ゲ歌〕下哥こゝはたれをか松」3ウさかや　しの宮かはらよつのつし
〔上ゲ歌〕上哥是や此　行も帰るもわかれては〳〵しるもしらぬ
も　あふ坂のせきもりも　今の我をはよもとめし　せたの長はしうちわ
たり　たちよるかけもかゝみ山　さのみ年へぬ身なれ共」4オ　おとろ
へは老その　もりを過るやみのおはり
〔下ゲ歌〕あつたの浦の夕しほの　道をはなみにかくされて　まはれ
は野へになるみかた　又八はしやたかし山〳〵
〔ロンギ〕上ロンギ地しほみ坂はしもとの　はまなのはしをうちわたり」
4ウ　シテ上╲たひ衣　かくきてみんと思ひきや　命なりけりさよの中山
は是かとよ　上地╲かはるふちせの大井川　すきゆくなみもうつの山　シ
テ下╲こえてもせきに清見かた　みほの入うみ田子のうら　うち出て見
れはまし」5オろなる　雪のふしのねはこね山　猶明行やほし月夜　はや
かまくらに着にけり〳〵

3〔サシ〕シテサシ╲夢中に道あつてちんあいをへたつ　けにやそことも
しらさりし　山をこえ水をわたつて　此関東につきぬ　百年のゑ」5ウい
くははちんちうの夢　一寸のくわういんはしやりの金　けにやこきやう
は雲井のよそ　千世もとちきりしとも人も　かはる世なれや我ひとり
かまくら山の雲かすみ　けにかゝる身のならひかや
〔□〕詞かくてなからへ諸」6オ人におもてをさらさんより　あつはれ
とうきられはやと思ひ候

4〔□〕あらいたはしやもり久のひとりことをおほせ候そや
〔問答〕いかに申候土屋か参して候　シテ╲ちかうわたり候へ　ワキ╲
御下向のよしをひろう申て候へは　もり久は大」6ウ事のめしうとにて候
間　いそきちうし申せとの御事にて候　御いたはしなから御さいこの御
よういあらふするにて候　シテ╲いさいうけ給はり候　たゝ今もひとり
ことに　かくてなからへ諸人におもてをさらす」7オも口おしく候へは
あつはれとうきられはやのねんくわん　扨ははやかなひて候　さいこは
たゝ今にて候か　ワキ╲此あかつきかしからすは明夜かと仰出されて候
シテ╲扨はしはらくの時刻にて候　扨も此程土屋」7ウ殿の御はうし　申
も中々をろかなり　命なからへ候はんには　なとか此御恩をほうせさら

ん　我むなしくなるならは一返の念佛をも御ゑかうにあつからは　二世
までの御はうしたるへし　又我此年月清水の」8オくわんせをんをしんし
かの御経を毎日懈事なし　殊更今はさいこにて候へは　すこしの御いと
まを給はり候へ　かの御きやうをとくしゆ申度候　中々の事御心しつか
に御とくしゆ候へ　土屋も是にて」8ウちやうもん申候へし」9オ

（空白）」9ウ

〔□〕シテ／有かたや大慈大悲はさつたのひくわん　ちやうこうやくの
うてんはほさつのちきたうとかや　ねかはくはむえんのしひをたれ　我
をいんたうし給へ　こんしやうのりやくもしかけは　後生せんしよをも
たれかたの」10オまん　二世のくわんまうもしむなしくは　大しやうのせ
いやくあにこまうにあらすや　わくさうわうなんく　りんきやうよくし
ゆしう　ねひくわんをんりき　たうしんたん〱え

〔問答〕ワキ詞／有かたや此御きやうをちやうもん申せは」10ウ御命も憑
もしうこそ候へ　けによく御ちやうもん候物かな　此もんといつはた
とひ人わうなんのさいにあふといふとも　そのつるきたん〱におれ
ワキカヽル／又しゆをんしつたいさんといふもんは　いるやも其身にたつ」
11オましけれは　シテ／けにたのもしやさりなから　まつたくいのちのた
めに此もんをしゆするにあらす

〔誦〕しゆ〱しよあくしゆちこくきちくしやう　しやうらうひやう
しくいせんしつりやうめつ

〔下ゲ歌〕下哥同此もんのことくは　も」11ウろ〱のあくしゆをも　三
あくたうはのかるへしや　有かたしとゆふ露の　命はおしますたゝこ
しやうこそはかなしけれ

〔上ゲ歌〕上哥同しやくさいりやうせんの　みなは法花一仏　今さいは
うのあるし又　しやはしけんし給ひて　我ら」12オかためのくわんせをん
三世のりやくおなしくは　かくけいりくにちかき身の　ちかひにいかて
もるへきや　盛久かつゐの道　よもくらからしたのもしや

〔□〕シテ詞／あら有かたや　すこしすいめんのうちにあらたなるれい
むをかう」12ウふりて候　あら有かたや候

5〔掛ケ合〕ワキカヽル／すてに八こゑの鳥なひて　御さいこの時節たゝ
今なり　いそひて出させ給ふへし　シテ詞／待まうけたる事なれは　左
にはこんていの御経　右にはおもひの玉のをの　命も今をかきり」13オな
れは　是そ此世を門出のにはに　あしよは〱と立出る　ワキカヽル／も
のゝふせんこをかこみつゝ　是もわかれのとりのこゑ　シテ／かねも聞
ゆるしのゝめに　ワキ／ろうよりろうのこしにのせ　シテ／ゆゐのみきは
に　ワキ／いそきけり」13ウ

〔次第〕上同夢路を出る明ほのや　〱　後のよの門出なるらん

6〔掛ケ合〕ワキカヽル／扨由井のみきはにつきしかは　座敷をさため敷
かはしかせ　はや〱なをらせ給ふへし　シテ詞／盛久やかて座になを
り　清水のかたはそなたそと　にしにむかひ」14オてくわんをんの　みな
をとなへてまちけれは　太刀取／太刀とりうしろにまはりつゝ　せうね
んのこゑの下よりも　太刀ふりあくれはこはいかに　御経の光まなこに

ふさかり　とりおとしたる太刀を見れは　ふたつ」14ウにおれてたん〳〵となる　こはそもいかなる事やらん」15オ

（絵①）」15ウ

シテ詞＼盛久も思ひの外なれは　たゝはうせんとあきれゐたり　ワキカヽル＼いや〳〵何をかうたかふへき　此程とくしゆの御経のもん　シテ＼わくさうわうなんく　ワキ＼りんきやうよくしゆしう　シテ＼ねひくわんをんりき　ワキ＼たうしん」16オ　シテ＼たん〳〵えの

〔歌〕上同きやうもんあらたにくもりなき　つるきたん〳〵におれにけり　まつせにてはなかりけり　あら有かたの御きやうや　やかて此よしきこしめし　いそき御前に参れとの　御つかひ度々にかさ」16ウなれはめしにしたかひ盛久は　かまくら殿に参りけり　〳〵

7

8〔問答〕ワキ詞＼いかに盛久御前に候　シテ＼かしこまつて候　ワキ＼いかに申候　君このあかつきふしきなる御霊夢の御つけあり　もし盛久も夢や見給ひたる」17オとの御事にて候　シテ＼さん候今夜ふしきの御れいむをかうふりて候　ワキ＼さらはまつもり久のむさうのやうを御前にて申上られ候へ　シテ＼畏て候

〔クリ〕クリ地それふしゆ正かくの御ちかひ　今もつてはしめなら」17ウす　くはこくをんの大ひのひかり　いつくふたうの所ならん

〔サシ〕サシ＼しかるに我このくわういんをたのみ　日夜てうほにをこたらす　かの御経をしゆとくせしに　とりわき此時節けいりくにちかき身をおもつて」18オ　へんしをこたる事もなく　シテ下初夜より後夜の一てんまて　せうせんとして座したりしに

〔クセ〕クセりくそういまたあけさるに　かうせんたる一天　虚めいなるうちにおもはすも　八しゆんにたけ給ひぬと　見」18ウえさせ給ふ老僧の　かうそめのけさをかけ　すいしやうのしゆすをつまくり　はとのつえにすかりつゝ　めうもんたゝしき御こゑにて　我はらくやうひかし山の　清水のあたりより　なんちかために来りたり」19オ　もとより大し大ひの　せいくわんなとかむなしからん　たゝ一をん成とても　我を念する時節の　わうなんのさいはのかるへし　上＼いはんやなんちとし月　たねんのまことをぬきんてゝ　ほつしん人にこえたり　心やすく〳〵」19ウ思ふへし　我なんちか命に　かはるへしとの給ひて　夢は則さめにけり　盛久たつとくおもひて　くわんきの心かきりなし

9〔ロンギ〕上ロンギ地よりとも是をきこしめし　このあかつきの御むさうも　おなしつけそとあら」20オたなる　御しんかんはかきりなし　シテ上＼其時もり久は　夢のさめたる心ちして　かんるいをとめかね　御前をまかりたちけれは　上地＼いかに盛久しはしとて　御れんをあけてめさるれは　シテ＼せんかたもなき盛」20ウ久か　命はせんしう　はんせいの春をいはふそと　御さかつきを下さるれは

〔一セイ〕シテ上＼たねは千世そときくのさけ　上地花をうけたるたもとかな

〔問答〕ワキ詞／いかに盛久　もり久は平家ふたいのさふらひふりやく
のたつしや　こ」21オとにはらんふかんのふのよしきこしめし及はれたり
一とせ小松殿北山にてたけかりのゆふろの御しゆえんにをひて　しゆめ
の盛久一きよく一かなての事　くわんとうまてもかくれなし　殊更今は
よろこひ」21ウの折なれは　唯一さしとの御所望なりいそひて仕候へ
〔□〕シテ詞／有難し〳〵　えかたきは時去かたきはきめいなり　盛久
かゝる時節にあふ事　世もつてためしあるへからす　おさまりなひく時
なれや　一天四海のうちのみか」22オ　人の國まて日のもとの　もろこ
しか原も此ところ」22ウ

〔空白〕」23オ

10〔歌〕上キ地しゆえんなかはの春のけう　〳〵　くもらぬ日かけのとか
にて　君をいはふ千秋の　つるかをかの松のはの　ちりうせすして　ま
さ木のかつら　シテ下／長居はをそれあり　なかゐはをそれありと　ま
かり申仕り　た」23ウいしゆつしける盛久か　心のうちそゆゝしき
〳〵」24オ

ありとをし（外題題簽）

1〔次第〕次第和哥の心をみちとして　〳〵　玉津しまに参らむ
〔名ノリ〕ワキ詞／是はきのつらゆきにて候　我和哥のみちにましはる
といへとも　いまた玉つしまに参らす候ほとに　たゝ今おもひ立紀のち
のたひに心さし候
〔上ゲ歌〕道行夢」1オにねて　うつゝに出る旅まくら　〳〵　よるの関
戸のあけくれに　都の空の月かけを　さこそとおもひやるかたも　雲ゐ
はあとにへたゝり　くれわたる空に聞ゆるは　里ちかけなるかねのこゑ
〳〵

2〔□〕ワキ詞／あらせう」1ウしやにはかに日くれ大雨ふり　しかものり
たるこまさへふして　せんこをわきまへす候はいかに
〔サシ〕カヽルともし火くらふしてはすかうくしか涙の雨の　あしをも
ひかすすいゆかす　くいいかゝすへきたよりもなし」2オ　あらせうしや
候

3〔サシ〕シテサシ／せうしやうのよるの雨しきりにふつて　ゐんしのか
ねのこゑも聞えす　なにとなく宮寺は　しんやのかねのこゑ　御とうの
ひかりなんとにこそ　神さひ心もすみわたるに　しやとうをみれはとも
し火も」2ウ　すゝしめのこゑも聞えす　神はきねかならはしとこそ申に
宮もりひとりもなき事よ　よし〳〵御とうはくらくとも　わくはうのか
けはよもくらからし　あらふさたの宮もりともや」3オ

〔絵①〕」3ウ

4〔問答〕ワキ詞／なふ〳〵其火のひかりについて申へき事の候　シテ詞／

此あたりには御宿もなし　今すこしさきへおとをりあれ　ワキ＼今のく
らさに行さきも見えす　しかも乗たるこまさへふして　せんこをはうし
て候なり　シテ＼扨下」4オ馬はわたりもなかりけるか　ワキ＼そもや下馬
とは心得す　こゝは馬上のなき所か　シテ＼あらもつたいなの御事や
ありとをしのみやうしんとて　物とかめしたまふ御神の　かくそとしり
て馬上あらは　よも御命は候へき」4ウ　ワキカヽル＼是はふしきの御事か
な　扨御やしろは　シテ＼此もりのうち　ワキ＼けにもすかたは宮人の
シテ＼ともしのひかりのかけより見れは　ワキ＼けにも宮ゐは　シテ＼あり
とほしの
〔歌〕同神のとりゐの二はしら　たつ雲すきに」5オ　見れはかたしけ
なや　けにもしやたんのありけるそ　馬上におりのこす　こうほくの柳
かけの　いともてつなくこま　かくともしらてしんせんを　おそれさる
こそはかなけれ〱

5〔問答〕シテ詞＼いかに申へき事の候　ワキ詞＼なに」5ウ事にて候そ　シ
テ＼扨御身はたれにてわたり候そ　ワキ＼是はつらゆきにて候か　すみよ
し玉つしまに参り候　シテ＼つらゆきにてましまさは　うたをよふて神
りよをすゝしめ御申候へ　ワキ＼是はおほせにて候へ共　それは」6オ得
たらん人にこそあれ　我等か今のこと葉のするゐ　いかてしんりよにかな
ふへきと　おもひなからもことの葉の　するゐを心にねんくわんし　あま
雲のたちかさなれるよはなれは　ありとほしともおもふへきかは」6ウ

〔絵②〕」7オ

〔掛ケ合〕シテ下＼天雲の立かさなれる夜半なれは　ありとほし共おも
ふへきかは　おもしろし〱　我らかなはぬみにたに　おもしろしと
おもふ此哥を　なとかなうしゆなかるへき　ワキカヽル＼心にしらぬとか
なれは　なにか神りよにそむくへき」7ウと　シテ＼よろつの言葉はあま
雲の　ワキ＼立かさなりてくらき夜なれは　シテ＼ありとほしともおもふ
へきかはとは　あらおもしろの御哥や
〔下ゲ歌〕下哥同をよそうたにはりくきあり　是六道の　ちまたにさた
めをひて」8オ　六の色を見するなり
〔上ゲ歌〕上哥されは和哥のことわさは　神代よりもはしまり　今し
んりんにあまねし　たれか是をほめさらん　中にもつらゆきは　御しよ
所をうけたまはりて　いにしへ今までの　哥のしなをえらひて」8ウ　よ
ろこひをのへし君か代の　すくなるみちをあらはせり
〔クセ〕クセをよそおもつて見れは　哥の心すなほなるは　是もつて
わたくしなし　人代にをよんて　はなはたをこるふうそく　長哥たんか
せんとう　こんほんのた」9オくひ是なり　さつていひとつにあらされは
けんりうやうやくしける木の　花のうちのうくひす　又秋のせみのきん
のこゑ　いつれか和哥の数ならぬ　されは今のうた　わかよこしまをな
さゝれは　なとかは神もなうしゆ」9ウの　心にかなふ宮人も」10オ

〔絵③〕」10ウ

上シテ＼かゝるきとくにあふさかの　せきの清水にかけ見ゆる　つきけ
の此こまを　引たてみれはふしきやな　もとのことくにあゆみゆく　ゐ
つてうなんしにすをかけ　こはほくふうにいはへたり　うたにやはらく

神こゝろ　たれ」11オかしんりよの　まことをあふかさるへき
6〔問答〕ワキ詞／いかに申へき事の候　宮人にて御座候はゝ　のつとを
よふて参らせられ候へ　シテ詞／承候
〔掛ケ合〕いて〳〵のつとを申さんと　神のしらゆふかけまくも　ワ
キ／おなしたむけといふ花の　シテ／雪」11ウをちらして　ワキ／さいはい
す
〔ノット〕シテ／きん上さいはい　うやまつてまうす神つかさ　八人の
やをとめ　五人のかくらをのこ　雪の袖をかへし　しらゆふ花をさゝけ
つゝ　神慮をすゝしめ奉る　御しんたくにまかせて　猶もしんちう」12オ
をいたさん　ありかたや　そも〳〵しんりよをすゝしむる事　和哥より
もよろしきはなし　其中にもかくらをそうしをとめの袖　返す〳〵もお
もてしろやな　神のいは戸のいにしへの袖　おもひ出られて
〔□〕上わくは」12ウうとうちんはけちえんのはしめ　ワキ／八さう成道
はりもつのをはり　シテ／神の代七代　ワキ／すなほに人あつうして　下
シテ／せいよくわかつ事なし　地／あめつちひらけはしまりしより　ふか
の道こそすなほなれ」13オ

（絵④）」13ウ

7〔ノリ地〕シテ下／今つらゆきか言葉の末の　下同〳〵　たえなる心を
かんするゆへに　かりにすかたをみゆるそとて
〔歌〕鳥ゐのかさ木に立かくれ　あれはそれかと見しまゝにて　かき
けすやうにうせにけり　つらゆきも是をよろこひの　名残の」14オかくら
夜は明て　旅たつそらにたちかへる　〳〵」14ウ

邯鄲（外題題簽）

1

2〔次第〕シテ次第うき世の旅にまよひきて　〳〵　ゆめちをいつとさた
めん
〔（名ノリ）〕カヽル是はしよくの國のかたはらに　ろせいといへる者な
り　詞我にんけんにありなから　ふつたうをもねかはす　たゝはうせん
とあかしくらすはかりなり　詞まことやそこくのやう」1オひさんに　た
つときちしきのましますよし承をよひて候ほとに　身の一大事をも尋は
やとおもひ　たゝ今やうひさんへといそき候
〔上ゲ歌〕道行すみなれし　國を雲ちのあとに見て　〳〵　山又山を
こえゆけは　そこともなき」1ウたひ衣　野くれ山くれさとくれて　名
にのみ聞しかんたんの　里にもはやく着にけり　〳〵

3

4〔□〕シテ詞／さては是なるか聞をよひしかんたんのまくらなるかや

是は身をしるかと出の　よのこゝろみに夢のつけ　天のあたふる」2オ事
なるへし
〔上ゲ歌〕上哥一むら雨のあまやとり　〳〵　日はまた残る中やとに
かりねの夢を見るやと　かんたんのまくらにふしにけり　〳〵」2ウ

（絵①）」3オ

5〔問答〕ワキ／いかにろせいに申へき事の候　シテ／そもいかなる者そ
ワキ／楚國のみかとの御くらゐを　ろせいにゆつり申さんとの　ちよく
し是まて参りたり　シテ／おもひよらすやわうゐには　そも何ゆへにそ
なはるへき　ワキ／せひをは」3ウいかてはかるへき　御身よをもち給ふ
へき　其すいさうこそましますらめ　はやく〳〵こしにめさるへし　シテ
／こはそもなにと夕露の　ひかりかゝやく玉のこし　のりもならはぬ身
のゆくゑ　ワキカヽル／かゝるへきとはおもは」4オすして　シテ／天にもあ
かる　ワキ／心ちして
〔上ゲ歌〕上哥同玉のみこしにのりの道　〳〵　ゑいくはの花も一時の
夢とはしら雲の　上人となるそふしきなる

6〔上ゲ歌〕上地有かたのけしきやな　〳〵　もとよりたかき雲の上　月
もひかりはあ」4ウきらけき　うんりうかくやあはうてん　ひかりもみち
〳〵て　けにもたえなる有さまの　庭には金銀のいさこをしき　四方の
かとへの玉のとを　出入人までも　ひかりをかさるよそほひは　誠や名
に聞し　しやくくはうの」5オみやこきけんしやうの　たのしみもかくや
と　おもふはかりのけしきかな
〔下ゲ歌〕せんくははんくはの御たからの　数をつらねてさゝけ物
せんこ万このはたのあし　天に色めきちにひゝく　らいのこゑもおひ
たゝし　〳〵
〔歌〕シテ上／ひかしに三」5ウ十よ丈に　しろかねの山をつかせては
こかねの日りんを出されたり　シテ上／にしに三十余丈に　こかねの山
をつかせては　白かねの月りんを出されたり　たとへは是は　ちやうせ
いてんのうちには　しゆんしうをとゝめたり」6オ　ふらうもんのまへに
は　日月をそしと」6ウ　いふ心をまなはれたり」7オ

（6ウ・7オ上部空白）

（空白）」7ウ

（空白）」8オ

7〔問答〕大臣詞／いかにそうもん申へき事の候　御くらゐにつき給ひて
はゝや五十年なり　しかれは此せんやくをきこしめさは　御年一千さい
まてたもち給ふへし　さるほとに天のこんつやかうかいのはい　これま
てもちて参りたり」8ウ　シテ詞／そも天のこんつとは　大臣／是せんかの
さけの名なり　シテカヽル／かうかいのはいと申事は　大臣／おなしくせん
かのさかつきなり　シテカヽル／しゆみやうはちよそときくの酒　大臣／ゑ
いくはの春もよろつとし　シテ／君もゆたかに　大臣／たみさかへ」9オ
〔段歌〕上哥國士あんせん長久の　〳〵　ゑいくはもいやましに　猶
よろこひはまさり草の　きくのさかつき　とり〳〵にいさやのまふよ

下シテ／めくれやさかつきの〳〵なかれはきく水の　りうにひかれてとくすくれは　てまつさへきるき」9ウくころもの　花のたもとをひるかへして　さすもひくもひかりなれや　さかつきのかけの　めくるそらそ久しき　上夢舞我やとの　わかやとの　きくのしら露けふことに　いく世つもりて　ふちとなるらん　よもつきし〳〵　くすりの水も」10オいつみなれは　くめとも〳〵　いやましにいつるきく水を　のめはかんろもかくやらんと　心もはれやかに　とひたつはかりありあけの　よるひるとなきたのしみの　ゑいくはにもゑようにも　けに此うへや有へき

8〔ワカ〕シテ上いつまて」10ウそ　ゑいくはの春もときはににて」11オ

（空白）」11ウ

（空白）」12オ

地／猶いく久し有明の月

9〔ワカ受ケ〕下シテ／月人おとこのまひなれは　雲のは袖をかさねつゝよろこひの哥を

〔ノリ地〕うたふよもすから　うたふよもすから　日は又出て　あきらけくなりて　よるかとおもへは　シテ／ひるになり　上地／ひるかとおもへは　下シテ／月」12ウ又さやけし　上地／春の花さけは　下シテ／もみちも色こく　上地／夏かとおもへは　シテ／雪もふりて　同四季おり〳〵はめのまへにて　春なつ秋冬　はんほく千草も　一日に花さかり　おもしろや　ふしきやな

〔ノリ地〕上哥同かくて時す」13オき　ころされは〳〵　五十年の　ゑいくはもつきて　まことは夢の　うちなれは　みなきえ〳〵と　うせはてゝ　ありつるかんたむの　まくらの上に　ねふりの夢は　さめにけり

10

11〔歌〕シテ／ろせいはゆめさめて　同〳〵　いそしの春」13ウ秋の　ゑいくはもたちまちに　たゝはうせんとおきあかりて　シテ／さはかりおほかりし　地／によこかういのこゑと聞しは　シテ／松風のをとゝなり　地／くうてんらうかくは　下シテ／たゝかんたんのかりのやと　地／ゑいくはの」14オほとは　シテ／五十年　下地／扨夢の間はあはいゝの　シテ／一すいの間なり　地／ふしきなりやはかりかたしや」14ウ

（空白）」15オ

下シテ／つら〳〵人間の有様を　あんするに　百年のくはんらくも　めいをはれは夢そかし　五十年のゑいくはこそ　身のためには是まてなり　ゑいくはののそみもよはひのなかさも　五十年のくはんらくも　わうゐ」15ウになれは是まてなり　けに何事も一すいの夢　下シテ／南無三ほう〳〵　同よく〳〵おもへはしゆつりをもとむる　ちしきは此まくらなり　けに有かたやかんたんの　けに有かたやかんたんの　夢の世そとさ」16オとりえて　のそみかなへてかへりけり」16ウ

橋弁慶（外題題簽）

1〔名ノリ〕シテ╱抑是はさいたう北たにの住僧　むさし房弁慶にて候
さる子細候て　五条の天神にうしの時まうて仕候　今日まんさんにて候
急き参らふするにて候

2〔問答〕いかにはねたの十郎か有か　トモ╱御前に候」1オ　シテ╱五条
の天神へ参らふするにて有そ　トモ╱畏て候　いかに申候　たゝ今人の
申候は　なにものとはしらす十四五はかりなるわつはか　小太刀をもつ
てきつてまはる　さなからてふ鳥のことくなると申候　先々」1ウ今夜の
御物まうてをは御とまり候へかし　シテ╱言語道断の事を申候　たとひ
てんま鬼神なりとも　大せい中にとりこめて　なとかはうたて有へきそ
トモ╱うたんとすれはふしきにはつれ　かたきを手も」2オとへよせつけ
す　シテ╱たとひかたきをよせすとも　すきまあらせすきつてかゝらは
なとかはうたて有へきそ　トモ╱うたんとすれはふしきにはつれ　シテ╱
おつ取こむれは　トモ╱おつはらふ　シテ╱てちかくよれは」2ウ目にも見
えす

〔上ゲ歌〕しんへむふしき　きたいなるけしやうの物に行あひて　か
しこふ御身きらるらん　みやこひろしと申せ共　是程のものあらし　け
にきとくなる者なり」3オ

〔絵①〕」3ウ

3〔□〕シテ╱さらは今夜はおもひとまらふするにて有そ　さりなからむ
かしか今にいたるまて　見にけと申事こそあれ　弁慶ほとのつはものか
きゝにけを仕ては　人口もさすかなり　よく〱物をあんするに　此者
う」4オちとるならは　おほくの者をたすくるになるへし　此夜ふけなは
はしに出　化生の物をうちとらんと

〔上ゲ歌〕上哥夕月はやくくれ過て　雲のけしきもかはりつゝ　風す
さましくふくる夜を　をそしとこそはまちゐたれ　〱」4ウ

4〔サシ〕牛若╱牛若ははゝの仰のをもけれは　明なは寺へのほるへし
こよひはかりの名残なれは　五条のはしにたち出て　月のひかりをなか
めんと

〔一セイ〕一セイゆふたつや　月もをそしと夜あらしに　をとふきかへ
せ秋の風

〔上ゲ歌〕哥同おもしろのけし」5オきやな　〱　そゝろうきつ我心
なみも玉ちるしらゆふの　夕かほの花のやと　五条のはしのはし板を
とゝろ〱とふみならし　とをる人をそまちゐたる　〱」5ウ

〔絵②〕」6オ

5〔□〕シテ╱すてにこの夜も明かたの　おとしにおとす大よろひ　草す
りなかにさつくとき　もとよりこのむ大長刀　まん中とつてうちかつき
ゆらり〱と出たる風情　いかなるてんま鬼神なりとも　おもてをむく
へきやうあらしと」6ウ　我身なからもの頼もしくて　手にたつかたき

のこひしさに　牛若／すはやうれしや人来ると　うすきぬとつて引かつ
き　かうろうによりそひたゝすめは　弁慶／我はかくともしらなみの
立よりはしの橋板を　さもあらけなく」7オふみならし　見れは女のすか
たなり　我はもとより出家なれは　おもひなそらへ過て行　牛若／牛若
かれをなふつてみんと　行ちかひさまに長刀のえをはつしとけあくれは
シテ／すはしれ者よ物見せんと
〔上ゲ歌〕上同長刀やか」7ウてとりなをし　〱　いて物見せん手なみ
の程をと　きつてかゝれは牛若は　すこしもさはかすつつたちなをつて
うすきぬ引のけつゝ　しつ〱と太刀ぬきはなつて　つつさゝへたる長
刀のきつさきに　太刀」8オうちあはせ　つめつひらいつたゝかひしか
なにとかしたりける　手もとに牛若よるとそ見えしか　たゝみかさねて
うつ太刀に　さしもの弁慶あはせかねて　はしけたを二三間しさつて
肝をけしたりける」8ウ　あしをためすちうをはらへは　かうへを地につ
けひみつにたゝかふ　大長刀うちおとされて　ちからなくくまんとよれ
は　きりはらふ　すからんとするにたよりなし　せんかたなくて弁慶は
きたいなる少人かなとて　あき」9オれはてゝそたつたりける

6〔ロンギ〕シテ／ふしきや御身たれなれは　かほとけなけにましますそ
御名をなのりおはしませ　牛若／今はなにをかつゝむへき　我はみなも
とうし若　弁／よしともの御子か　牛／扨汝は」9ウ　弁さいたうのむさし
弁慶なり」10オ

（空白）」10ウ

殺生石（外題題簽）

1〔次第〕次第心をさそふ雲水の　〱　うき世の旅に出ふよ
〔名ノリ〕ワキ詞／是はけんおうといへる道人なり　我ちしきの床を立
さらす　一大事をなけき一見所をひらき　つゐにほつすをうちふつて　世
上にまなこを」1オさらす　此程は奥州に候ひしか　都に上り冬夏をもむ
すはゝやとおもひ候
〔上ゲ歌〕道行雲水の　身はいつくともさためなき　〱　うき世の
旅にまよひゆく　心のおくをしら川の　むすひこめたるしもつけや」1ウ
なす野の原に着にけり　〱」2オ

（絵①）」2ウ

2

3〔問答〕シテ詞／なふ其石のほとりへな立よらせ給ひそ　ワキ詞／そも此
石のほとりへよるましきいはれの候か　シテ／それはなす野の殺生石と
て　人間は申にをよはす　てうるいちくるいまてもさはるに命なし　か
くおそろ」3オしき殺生石共　しろし召れて御僧たちは　もとめ給へる命
哉　そこ立のきたまへ　ワキ／扨此石は何ゆへかく殺生をはいたすやら
ん　シテ／むかし鳥羽院の上わらはに　玉ものまへと申し人の　しうし
んの石と」3ウなりたるなり

〔掛ケ合〕ワキカヽル／ふしきなりとよ玉ものまへは　てんしやうのましはりたりし身の　此遠國にたましゐをとゝめし事はなにゆへそ　シテ詞／それもいはれのあれはこそ　むかしより申ならはすらめ」4オ　シテ／いやくはしくはいさしら露の玉ものまへと　ワキ／きゝしむかしは都すまゐ　シテ／今たましゐはあまさかる　ワキ／ひなに残りてあくねんの　シテ／猶もあらはす此のへの　ワキ／ゆきゝの人に　シテ／あたを今

〔上ゲ歌〕上哥同なす」4ウ野の原に立石の　〱　こけにくちにしあとまでも　しうしんを残しきて　又立かへる草の原　物すさましき秋風のふくろうせうけいのえたになきつれ　きつねらん菊の花にかくれすむ此原の時しも　物」5オすこき秋のゆふへかな

4〔クリ〕クリ地抑此玉ものまへと申は　しゆつしやうしゆつせさたまらすして　いつくのたれとも白雲の　上人たりし身なりしに

〔サシ〕然れはこうしよくを事とし　ようかんひれいなりし」5ウかは御門のえいりよあさからす　シテ上／有時玉ものまへかちゐをはかり給ふに　一事とゝこほる事なし　同きやうろんしやうけうわかんのさいしいかくはんけんにいたるまで　とふにこたへのくらからす　シテ／しんていく」6オもりなけれはとて　玉ものまへとそめされける」6ウ

（絵②）」7オ

〔クセ〕クセ有時御門は　せいりやうてんに御出なり　けつけいうんかくの　かんのふなるをめしあつめ　くわんけんの御遊有しに　比は秋のすゑ　月またをそきよひの空の　雲のけしきすさましく　うち時雨吹風に　御」7ウ殿のともしきえにけり　雲の上人立さはき　せうめいとくとすゝむれは　玉ものまへか身より　ひかりをはなして　せいりやうてんをてらしけれは　ひかり大内にみち〱て　くはとの屏風萩の戸　やみの夜の」8オにしきなりしかと　ひかりにかゝやきて　ひとへに月のことくなり　上シテ／みかとそれよりも　御なうとならせ給ひしかは　あへのやすなりうらなつて　かんしやうに申様　これはひとへに　玉もの前かしよゐなりや　わうほう」8ウをかたふけんと　けしやうして来りたり　てうふくのまつり有へしと　そうすれはたちまちに　えいりよもかはり引かへて　玉もけしやうをもとの身に　なす野の草の露と　きえしあとは是なり」9オ

5〔問答〕ワキ詞／かやうにくはしくかたり給ふ　御身はいかなる人やらん　シテ詞／今は何をかつゝむへき　其いにしへの玉ものまへ　今はなす野の殺生石　其石こんにて候なり　けにやあまりのあく念は　かへつて善心となるへし　然らは衣」9ウ鉢をさつくへし　同しくは本躰を　二たひあらはし給ふへし　シテ詞／あらはつかしや我すかた　ひるはあつまの夕けふりの

〔上ゲ歌〕上哥同立帰り夜になりて　〱　さんけのすかたあらはさんと　夕やみの夜の空なれと　此夜はあかしとも」10オし火の　我かけなりとおほしめし　をそれ給はて待給へと　石かくれうせにけりや　石にかくれうせにけり」10ウ

（絵③）」11オ

6

7〔□〕ワキカヽル／ほくせき心なしとは申せとも　草木國土しつかい成佛ときく時は　もとよりふつたいくそくせり　いはんや衣鉢をさつくるならは　成仏うたかひ有へからすと　花をたむけせうかうし　せきめんにむかつてふつ」11ウしをなす

〔(ノット)〕なんしくはんらい殺生石とふせきれい　いつれの所より来り　今生かくのことくなる　きう〱にされ〱　しこんいこなんしを成仏せしめ　ふつたいしんによのせんしんとなさん　せつしゆせよ

8〔□〕後シテ上／石に」12オせいあり

〔ノリ地〕水に音あり　風はたいきよにわたる　同かたちを今そ　あらはす石の　ふたつにわるれは　せきこんたちまち　あらはれ出たりおそろしや

〔(掛ケ合)〕ワキカヽル／ふしきやな此石ふたつにわれ　ひかりのうちをよく見れは　やかんの」12ウかたちは有なから　さもふしきなるしんたいなり

〔名ノリグリ〕シテ上／今はなにをかつゝむへき　天ちくにてははんそく太子のつかの神　たいたうにてはゆうわうのきさきほうしとけんし我朝にては鳥羽院の　玉もの前とはなり」13オたるなり

9〔(語リ)〕詞我わうほうをかたふけんと　かりにゆふちよのかたちとなり　きよくたいにちかつき奉れは御なうとなる　すてに御命をとらんと　よろこひをなしゝ處に　あへのやすなり　同てうふくの」13ウまつりをはしめ　たんに五しきにへいはくをたて　玉もに御へいをもたせつゝかんたんをくたきいのりしかは

〔中ノリ地〕上同やかて五たいをくるしめて　〱　へいはくをおつとりとふ空の　雲井をかけり海山を　こえて」14オ此野にかくれすむ」14ウ

(絵④)」15オ

下シテ／其後ちよくしたつて　〱　みうらのすけ　かすさのすけ　両人にりんしをなされつゝ　なす野のけしやうの物を　たいちせよとのちよくをうけて　やかんはいぬににたれは　いぬにてけいこあるへしとて」15ウ　百日犬をそいたりける　是いぬ追ものゝはしめとかや

〔中ノリ地〕シテ下／両介はかりしやうそくにて　〱　すまんきなすの野をとりこめて　草をわかつてかりけるに　身をなにとなす野の原にあらはれ出しをかり人の　おつ」16オつまくつさくりにつけて　矢の下にいふせられて　そくしに命をいたつらに　なす野の原の　露ときえても猶しうしんは　此野に残つて　殺生石となつて　人をとる事たねんなれとも　今あひかたき御法」16ウをうけて　此後あくしをいたすこと　あるへからすと御僧に　やくそくかたき石となつて　やくそくかたきいしと成て　きしんのすかたはうせにけり」17オ

神戸女子大学図書館蔵

『能狂言画帖』『能狂言絵巻』『能狂言図巻』解題

小林健二

I 『能狂言画帖』書誌

［整理番号］七七三―Ｎｏ。
［装幀・数量］折帖仕立て、十一折り一帖。
［外題・内題］ともになし。
［表紙］剣先花菱繋ぎ文様の緞子装。金の空題簽（縦一九・七糎×横三・四糎）を左上に貼る。
［寸法］縦二七・八糎×横三一・五糎×厚み二・八糎。
［見返し］金の切り箔散らし。
［絵］濃彩の大和絵。図数は二十図。金箔地の一面に図画（縦二三・五糎×横二八・〇糎）を貼るが、能と狂言では画風が異なる。
［箱］木箱（桐材）。寸法は縦三〇・五糎×横三四・五糎×高さ五・六糎。箱書きや付箋等はなし。
［帙］黄緑色の布張り帙。帙表には空題簽が貼られる。
［所収曲目］墨書された曲名を示し、（　）内に参考として現行曲名をあげた。

高砂・するゑひろかり（末広がり）・田むら（田村）・きんし聟（吟じ聟）・うねめ（采女）・ふあく（武悪）・せいわうほ（西王母）・惣八・羅しやうもん（羅生門）・ちとり（千鳥）・玉の井・文になひ（文荷）・よりまさ（頼政）・題簽剝がれ（丼礑）・しやり（舎利）・ちきりき（千切木）・あたか（安宅）・すはちかみ（酢薑）・かすか龍神（春日龍神）・かまはら（鎌腹）。以上、能十曲、狂言十曲になる。

〈曲名注記〉「きんし聟」は「吟じ聟」で、《音曲聟》のこと。『狂言記』で《吟聟》とする。『山脇流』に「音曲むこ」の曲名で同図様が所収される。また、題簽が剝がれた図は座頭狂言の《丼礑（どぶかっちり）》である。アドの座頭菊市がシテの師の勾当を背負って川を渡ろうとすると、アドの通行人が師の代りに負われて渡ってしまい、座頭らをあざける場面が描かれ、『山脇流』に「どぶかづちり」の曲名で同場面が同じ図様で描かれる。

［配列］能絵と狂言絵が交互に貼られ、五番立によった配列になっている。

［備考］能絵・狂言絵とも擦れや経年劣化が見られ、もとは屛風などに貼られていたと考えられる。画帖に仕立てられたのは近代に入ってからと思われ、画面の右角に曲名が記された青色地に金切り箔と砂子が散らされた付箋（縦六・〇糎×横一・四糎）が貼られるが、画帖に調整された時点で付されたと推測される。

Ⅱ『能狂言絵巻』書誌

［整理番号］七二一・二一―三七。

［装幀・数量］絵巻、紙本一軸。

［外題・内題］表紙端に後補題簽（縦一七・九糎×横一・五糎）が貼られ、上部に「こまひ」と墨書。内題はなし。

［表紙］緑色地に金茶で文様をほどこした緞子装の後補表紙。寸法は縦三三・二糎×横二四・〇糎。

［見返し］金箔布目押し模様の後補見返し。

［料紙］鳥の子。裏は金の切箔散らし。紙数は一〇紙。各紙の寸法は①九二・九糎、②九四・三糎、③九三・四糎、

【図1】『能之図』の「通盛」

④九三・五糎、⑤九四・七糎、⑥九三・六糎、⑦九四・六糎、⑧九四・二糎、⑨九四・八糎、⑩九八・五糎。

［絵］濃彩の大和絵。図数は二十九図。第一紙が二図の他は一紙に三図ずつ描かれる。

［箱］黒塗り箱。寸法は縦三七・七糎×横九・三糎×高さ八・九糎。

［書体］詞書の書体は、絵巻物を数多く調査し、詞書書体を系統的に分類している石川透氏の鑑定によると、江戸前期の多くの絵巻の詞書に見られる『太平記絵巻』の系統に入る筆跡と似ており、筆跡からも江戸時代前期の作例と特定できる。[1]

［所収曲目］各紙ごとに曲名墨書を示し、（　）内に参考として現行曲名をあげた。

①式三番（翁）・難波、②するひろかり（末広がり）・八嶋・せんし物（煎じ物）、③はせを（芭蕉）・かき山ふし（柿山伏）・紅葉狩、④あはたくち（粟田口）・あま（海士）・八句れんか（八句連歌）、⑤白髭・はき大名（萩大名）・朝長、⑥し水（実は「お茶の水」）・野のみや（野宮）・花こ（花子）、⑦張良・くわいちうむこ（懐中聟）・三輪、⑧雁盗人・白楽天・ゑほしおり（麻生）、⑨敦盛・たうすまひ（唐相撲）・松風、⑩うつほさる（靭猿）・羅生門・くれは（呉服）。以上、式三番を除くと能十五曲、狂言十三曲になる。

〈曲名注記〉「し水」と表記される《清水》は、主人に水汲みを命じられた太郎冠者が仕事を嫌がり、清水には鬼が出るから行かないと言って鬼の面を付けて主人を脅す内容なので、この図様では合わない。これは《お茶の水》を描いた図で、詞書も《お茶の水》の一部を載せており、曲名表記が誤っているといえる。

［配列］《翁》を冒頭に置き、能は五番立の順次により並べ、狂言も一曲目は脇狂言の《末広がり》を置くなど配列の意識がうかがわれる。最後に「羅生門」「くれは」と能が続くのは《呉服》を祝言能として位置づけているからであろう。

［備考1］式三番（翁・三番叟）を冒頭に置き、能と狂言の見せ所となる一場面を交互に描い

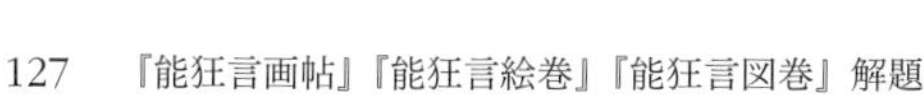

て、その詞章と曲名を上段に書き込む形式の能狂言の絵巻で、同じ体裁の絵巻としてセンチュリー文化財団蔵『狂言絵巻』や、最近、売立目録に載った『能狂言絵巻』があるが類例は少ない。

［備考2］書き込まれた曲名と詞章は、例えば能の「朝長」の図様が『能之図』の「通盛」【図1】と同じであり、曲の内容から《通盛》と思われることや、狂言の「し水」と題される図様が《お茶の水》であることなどから、絵巻が製作された後に書き入れられ、その折りに曲目の比定を誤ったと考えられよう。

［備考3］表紙・見返しが後補であること、「白楽天」と「ゐほしおり」の間にかぎ裂きを継いだ跡が認められること、軸付け紙がないことなどから、改装されたことがうかがえる。

Ⅲ『能狂言図巻』書誌

［整理番号］七七三―No。

［装幀・数量］絵巻、紙本一軸。

［外題・内題］外題・内題はなし。箱蓋表に「能巻物」と墨書。

［表紙］薔薇唐草地に金襴龍丸紋散し模様の緑灰色緞子表紙。寸法は縦三二・五糎×横二五・二糎。表紙下の付箋に「第弐百八十参號」と墨書。

［見返し］金箔布目押し模様の元見返し。

［料紙］鳥の子。料紙裏に金切り箔を散らした鳥の子を補強する。紙数は一〇紙。各紙の寸法は、①九二・六糎、②九四・三糎、③九四・三糎、④九四・三糎、⑤九四・三糎、⑥八九・三糎、⑦九四・〇糎、⑧九四・四糎、⑨九四・四糎、⑩八九・〇糎、軸付け紙一一・二糎。

［絵］濃彩の大和絵。図数は二十九図。Ⅱの『能狂言絵巻』と同じく第一紙が二図の他は一紙に三図ずつ描かれる。

[箱] 木製（桐材）。寸法は縦三七・三糎×横八・二糎×高さ八・〇糎。
[箱書] 蓋表の中央上に「能巻物」、右下に「御のふのゑ」、中下に「土佐筆」、左下に「二八三号」と墨書。天側面の付箋に「能巻物／土佐筆」「百廿七番（朱）」、地側面の付箋に「能巻物」と墨書。
[所収曲目] 各紙ごとに曲名墨書を示し、（ ）内に参考として現行曲名をあげた。
①翁・加茂、②かつこ太鼓（羯鼓太鼓）・頼政・比丘さた（比丘貞）、③源氏供養・いくゐ（居杭）・道成寺、④清水（実は「抜殻」）・龍田・猿買座頭（猿替勾頭）、⑤竹生嶋・文相撲・班女、⑥きつね塚（狐塚）・羅生門・悪太郎（実は「悪坊」）、⑦藤渡（藤戸）・たけのこ（竹の子）・白楽天、⑧柏崎・みかつき（箕被）・自然居士、⑨末廣（末広がり）・朝長・雁盗（雁盗人）、⑩酢はちかみ（酢薑）・鵜飼・高砂。以上、翁を除くと能十五曲、狂言十三曲になる。
〈曲名注記〉狂言の「清水」は『山脇流』『古狂言後素帖』『狂言絵』に所収される「抜殻」と同図様で《抜殻》であり、「悪太郎」は『山脇流』『狂言絵』の「悪坊」と同図様であることから《悪坊》の誤認と考えられる。能と狂言の曲名墨書は別筆であるがそれぞれに誤認が認められ、製作の後に記されたと推測される。
[配列] 順列は『能狂言絵巻』と同じく五番立にならって能と狂言が交互に続くように配列されている。ところが、傍線で示したように⑦の末と⑧の頭は《白楽天》《柏崎》と能が続き、⑨の末と⑩の頭は《雁盗》《酢薑》と狂言が続いており不規則である。これは改装時の誤りであり、本来は⑨が⑦の後に続くかたちであったと考えられる。
[備考1]《翁》を冒頭に置き、能と狂言の見せ所の一場面を交互に描いて、その曲名を書き込む形の能絵巻。ただし、能に比べて狂言の曲名墨書は大振りの別筆であり、ともに後に書き込んだと想定される。
[備考2] 最終図は『能狂言絵巻』と同じく祝言能の位置づけで「高砂」と曲名が墨書されるが、図像は老体で描かれており通常の《高砂》の後シテの出立と異なり注目される。装束の狩衣が緑であることから《老松》の後シテである可能性もあり、その場合は誤認ということになるが、かぶっている透冠は《高砂》に近い。《老松》の場合は初冠である。この図様については天野文雄氏が《高砂》の後シテを老体として演じていた例とし

てあげているが、[2]本絵巻には曲名の誤認がいくつか見られ、《高砂》であるか否かの判断は難しく、後考がまたれる。

Ⅳ 画帖・絵巻に描かれた図様の検討

江戸前期に製作された能絵・狂言絵はかなりの数にのぼるが、同じ図様の作例が多く、特定の粉本によって図様が踏襲されたことがうかがえる。これら図様の基準となるのは、筆を執った絵師や描かれた時期などの制作事情が明確であり、また画数がある程度まとまって存する作例ということになろう。その条件にかなった作例としては十八世紀のはじめに製作された『能絵鑑』一五〇図があるが、[3]将軍家の周辺で製作された細密で豪華な作例であり、絵巻や画帖で一般に流布したものと比較対照するに相応しくない。ここで参考となるのは、狩野柳雪の署名・落款がある国立能楽堂蔵『能之図』(bk006)二軸六〇図である。[4]狩野柳雪は正保四年(一六四七)生まれで正徳二年(一七一二)没の狩野派の絵師であり、『能之図』は狩野家の有する粉本によって描かれたと思しき作例で、十七世紀後半から十八世紀前半における能絵の製作を考証する上で基準作となり得るものである。ただし、神戸女子大学の画帖・絵巻の図様を検討するうえで、六〇曲では描かれた能絵のすべてを覆う図数ではないので、不足の分は他の能絵資料で補いながら検討をしていくことにしたい。

また、狂言絵においては、徳川美術館蔵『山脇流』三帖一六〇図が基準となる。『山脇流』は尾張徳川家の伝来という素性を有し、一六〇図が収められるもっとも図数の多い狂言画帖である。藤岡道子氏は『山脇流』を軸として古狂言図集諸本の図様の比較対照を行い、多くの狂言絵が諸本に共通する同系統の粉本に基づいて描かれていることを考証しているが、[5]筆者が国文学研究資料館蔵『狂言絵』六〇図を他本と比較検討した際にも同様な結果となり、[6]首肯できる考察である。ここでは、『山脇流』に収められる諸図と比較して、その有無や図様が共通するかを検討し、場合によって『古狂言後素帖』[7]『狂言絵』などの古狂言図集も用いることとする。

『能狂言画帖』の内容

能絵は『能之図』と共通するのが「高砂」「田むら」「うねめ」の三図であり、他にも池田家旧蔵の国立能楽堂蔵『能楽手鑑』[8]と同図様が「高砂」「羅しやうもん」「あたか」の三図、これも古い作例とされる国立能楽堂蔵『能楽図帖』[9]と同じ図様が「田むら」「玉の井」「あたか」の三図である。とくに『能楽図帖』の図【図2】とは画風までも似ており、同じ系統の絵師により描かれたことが考えられる。製作時期も同じ頃であろう。「しやり」は前場の足疾鬼が舎利を盗む場面が描かれるが、このシテの図柄は江戸時代初期の国立能楽堂蔵『古能狂言之図』[10]と同図様になっており、古い図様を踏襲していることがうかがえる。

狂言絵では、「すゑひろかり」「きんし聟」「ふあく」「惣八」「ちとり」「(井礑)」「すはちかみ」「かまはら」の十曲中の八曲が『山脇流』の図様と共通する。「ちきりき《呂蔵太郎》」は『山脇流』にないが、国立能楽堂蔵『狂言古図』[11]と『狂言絵』に同図様があり、これも古くからの共通する粉本によったと思われる。

【図2】『能楽図帖』の「安宅」

『能狂言絵巻』の内容

能絵においては、『能之図』と曲名と図様が一致するものが「あま」「張良」「三輪」「白楽天」の四図あり、「野のみや」は左右逆の構図であるが図様は同じである。また曲名は「朝長」とする図も図様は『能之図』の「通盛」と同じであることから、狩野柳雪が拠った狩野派系統の粉本を用いた可能性がある。「白鬚」はワキ・ワキヅレは描かれないが、後シテと作り物はほぼ『能楽図帖』と同図様であり、「あつもり」もシテ・ツレが若衆で描かれるところが『能楽図帖』と類似している。「羅生門」は『能狂言図巻』や『能楽手鑑』『野崎家屏風[12]』と同図様である。以上、十五図中の九図が粉本によっていると判明する。

狂言絵は、「するひろかり」「せんし物」「かき山ふし」「あはたくち」「八句れんか」「はき大名」「し水（実は「お茶の水」）」「花こ」「雁盗人」「ゑほしおり」「たうすまひ」「うつほさる」の十二曲が『山脇流』に見られ、図様もほぼ同じである。十三図中の十二図が共通するのであるが、「かき山ふし」では場面は同じながら、本絵巻では山伏が左足一本で鬘桶に乗り、右手に扇を持って開き、左手を手前にあげて飛ぼうとしているのに対して、『山脇流』では、山伏が両足で両手を広げて鬘桶に立っており、まさに飛び立とうとする図様になっている。また「はき大名」は、構図は両者同じであるが、本絵巻の大名は扇を持った右手を顔の下にしているのに対して、『山脇流』では両手を膝の上に置いているなどの小異がある。

さて、本絵巻と同体裁の絵巻として、センチュリー文化財団蔵『狂言絵巻』一軸と臨川書店の目録にのった『能狂言絵巻』一軸があるので、その簡単な紹介と本絵巻との関連について検討したい。

センチュリー文化財団蔵『狂言絵巻』は、「くわいちうむこ」「連歌ぬす人」「ろさい太郎」「雁ぬす人」「あさいな」「すみぬり」「ひげやぐら」「あわた口」「きつねつか」の九曲の狂言絵をおさめる縦二九・八糎の大型絵巻（残欠絵巻と思われる）であるが、注目されるのは本絵巻と同じく上部に場面に則して詞章の一部を記した体裁となっていることである。しかも詞書の筆跡が本絵巻と同じく『太平記絵巻』のものと通じ、同じ筆耕によると認められる。さらに筆跡だけでなく、絵の構図や画風もよく似ており、同じ絵師による作例と見なせる。本絵巻と共通する曲目は《粟田口》《懐中聟》《雁盗人》の三曲であるが、どれも図様がほぼ一致し、両絵巻は同じ工房で製作された可能性がある。

また、最近、臨川書店の目録にのった『能狂言絵巻』一軸は、能絵・狂言絵三〇図をおさめる縦三三糎の大型絵巻である。《翁》からはじまり祝言の《呉服》で終わっているようで、これも各図の上部に曲名と場面に則した詞章の一部をのせており、本絵巻と同体裁といえる。ただし、図版による印象では、詞書の書風は本絵巻やセンチュリー文化財団の『狂言絵巻』とは別であり、図の画風も異なるようであるが、ともあれ、この詞書を有する形式の能狂言絵巻が他にもあることが確認され、江戸前期から中期に数種類が作られていると推測されるのである。

『能狂言図巻』の内容

能絵は「加茂」「道成寺」「竹生島」「藤渡」「白楽天」「柏崎」の六図が狩野柳雪の『能之図』と同じ図様であり、「源氏供養」も左右逆の構図であるが図様は共通することから、『能狂言絵巻』以上に狩野派系統の粉本を用いたことが考えられる。なお「藤渡」のワキの素袍に四目結いの紋が染められるのは、ワキが佐々木盛綱であることを示しており、あるいはこちらが古い形であることも考えられよう。なお、「羅生門」が『能狂言絵巻』と同じ図様で、『能楽手鑑』にも同じ図様【図3】があることは前述した通り。

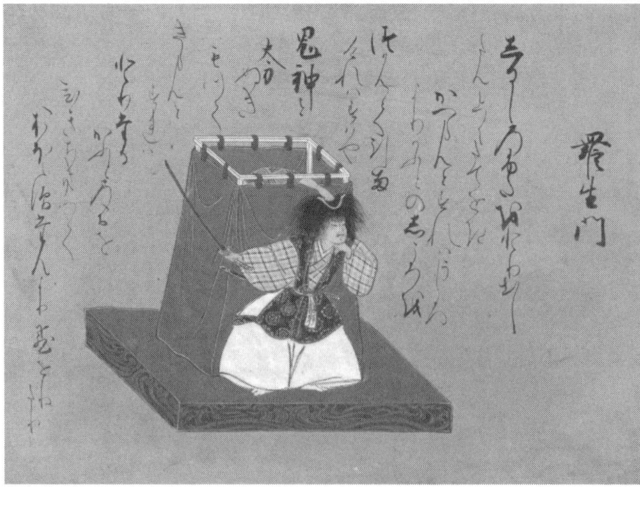

【図3】『能楽手鑑』の「羅生門」

　狂言絵は「かつこ太鼓」「比丘さた」「いくゐ」「清水（実は「抜け殻」）」「猿買座頭」「悪太郎（実は「悪坊」）」「たけのこ」「末廣」「雁盗」「酢はちかみ」の十三図中の十一曲の図様が『山脇流』所収の図様と共通する。ただし、「いくゐ」のシテが本図巻では右を向いているのに、『山脇流』ではアドの占い師を見ているというわずかな違いがある。また、「きつね塚」は『古狂言後素帖』と同図様である。《狐塚》は太郎冠者と次郎冠者が主人を狐が化けたものと思い、両者で主人の手足を持って投げ飛ばす、『山脇流』『狂言絵』に描かれた図様もあり、早くから両様あったことが知られる。また、『山脇流』にない「みかつき」であるが、『古狂言後素帖』『狂言絵』に同図様があることから、これらも共通の粉本があったことをうかがわせる。

　以上、画帖と絵巻の内容を他の資料と比較検討したが、三本ともに粉本をよく踏襲していることが認められ、江戸前中期の能絵・狂言絵の特徴を有しているといえる。江戸前期において広汎に流布した能絵・狂言絵の形成と展開を把握するには、なるべく多くの資料を調査し、体系的な整理を行うことが必要であるが、三本はその検討に有効な資料と位置づけられよう。

（注）

1、「太平記絵巻筆奈良絵本・絵巻類」（『奈良絵本・絵巻の生成』平成十五年、三弥井書店）。
2、「なぜ『高砂』を「老体」で上演するのか」（『国立能楽堂』パンフレット三四五号、平成二十四年五月）。
3、「能絵鑑」解説（『能絵鑑』平成二十九年一月、独立行政法人日本芸術文化振興会）。
4、拙稿「絵画から見る楽劇史――研究史料としての能絵」（『楽劇学』第二十三号、平成二十八年三月）。
5、藤岡道子「描かれた狂言――近世狂言絵画の諸例を見わたす」（『聖母女学院短期大学研究紀要』三〇集、平成十三年三月）。
6、拙稿「狂言絵」解題（『狂言絵　彩色やまと絵』（平成二十六年、勉誠出版）。
7、西野春雄「新出資料『古狂言後素帖』について」（『国立能楽堂調査研究』六、平成二十四年）。
8、BK094：「能楽手鑑」折本一帖。二〇図。池田家旧蔵。紙本着色。江戸時代前期。
9、BK008：「能楽図帖」折本一帖。二四図。紙本着色。江戸時代初期。
10、BK016：「古能狂言之図」一五面。紙本着色。江戸時代初期。
11、BK031：「狂言古図」折本一帖。一六図。紙本着色。江戸時代前期。
12、拙稿「野崎家塩業歴史館蔵『和漢図貼交屏風』の能絵」（『備前池田家伝来野崎家能楽コレクション』平成二十九年、独立行政法人日本芸術文化振興会）。

○今回、図様の検討に使用した国立能楽堂所蔵の絵画資料BK006「能之図」・BK008「能楽図帖」・BK016「古能狂言之図」・BK031「狂言古図」・BK094「能楽手鑑」は、国立能楽堂収蔵資料図録〈1〉『文献・絵画Ⅰ』（平成十三年三月、独立行政法人日本芸術文化振興会）、および独立行政法人日本芸術文化振興会HPの文化デジタルライブラリーにおいて見ることができる。

『能狂言絵巻』詞章

凡例
底本通りの翻刻を原則とし、改行を一字アケで示した。

（樹下文隆）

式三番

およそ千年の鶴は　はんせいらくと　うたふたり　又はんたいの　池のかめは　こうに　さんきよくを　いたゝいたり　瀧の水　れい〳〵とおちて　よるの月　あさやかに　うかんたり　なきさの砂　さく〳〵として　あしたの　日の色を　ろうす　天下たい平　國土あんおん　今日の　御きたうなり　ありはらや

難波

入日をまねき　かへすてに　〳〵今のたい　こはなみなれは　よりてはうちか　へりてはうち　此おんかくにひ　かれつゝ聖人　御代に又いて天下をまもり　おさむるてん　かをまもりおさ　むるはんせいらく　そめてたき〳〵

するゑひろかり

かさをさす　ならはかすか山　これも神の　ちかひと人か　かさをさそならおれも　かさを　さそふよ　実もさあり　やよけにも　さうよの〳〵

八嶋

水やそら〱ゆくも　又雲の波のうち　あひさしちかふる　ふないくさのかけ　引うきしつむと　せしほとに春の夜　のなみよりあけて　かたきと見えしは　むれゐるかもめと　きのこゑと聞えし　は浦風なりけりた　か松のうら風成けり　たかまつのあさあらし　とそなりにける

せんし物

しくれの雨に　ぬれしとふて　さきのはしを　わたひた　かさゝき　のはしを　わたひ　たりや　そふ
せんし物めせ〱　せんし　もの

はせを

かへすたもとも　はせをのあふき　の風はう〱と物　すこきふるてらの　にはのあさちふ　をみなへしかるかや　おもかけうつろふ露　のまに山おろし松　の風ふきはらひ〱　花もちくさもちり　〱にはなもちく　さもちり〱に　なれははせをはやふ　れて残りけり

かき山ふし

とひならは　とはうそよ　〱

紅葉狩

これもちすこしも　さはかすしてこれ　もち少もさはき給　はすなむや八まん　大ほさつと心に　ねんしつるきを　ぬひてまちかけ　たまへはみ　ちんになさん　ととんて　かゝるをと　ひちかひ　むすと　くみしんの　まん中さしとを　す所をかうへを　つかんてあからん　とするをきり　はらひ給へはつるきに　をそれていはほにの　ほるをひきおろしさし　とをしたちまち鬼神　をしたかへ給ふいせいの　程こそおそろしけれ

あはたくち

やいくわじや引　ぬいてはゝきもと　くろかるへきと　あるは　いかうくろひか　とふてこい
中〱せかれより　しゆすのきや　はんして　おるによりて　くろひと

申まする

あま

其ひまにほうしゆを　ぬすみ取てにけんと　すれはしゆこしんをつ　か
くかねてたくみし　事なれはもちたるつる　きを取なをしちの下　をか
きゝり玉ををし　こめつるきをすてゝそ　ふしたりける龍宮の　ならひ
に死人をいめは　あたりにちかつくあ　くりうなし約束の　なはをうこ
かせは人々　よろこひ引あけた　りけり玉はしらすあ　ま人は海上にう
かひ　出たり

八句れんか

此うたのかんしんは　なせ〳〵で心の　つまりたる所　しや
御意のとをりては　御されとも　なすな〳〵て　此うたの心は　とゝま
り　ました

白髭

かくて夜もはや明かたの　かくてよもはや明かたに　なれはをの〳〵明
神に　御いとま申かへれは明　神も御こゑをあけてせん　さい〳〵とか
んし給へは　天女はあまちに又立かへ　れはりうしんはこすいの　上に
かけつてなみをかへ　し雲をうかちて天地　にわかれてとひさりゆけ
はあけゆくそらもしら　ひけの明行そらもしら　ひけの神風　おさまる
御代　とそなりに　ける

はき大名

七え八え　九えとこそ　おもひしに　とへさき　いつる　はなのあな
かな

朝長（ともなが）

のりかへにかきのせら　れてうきあふみちを　しのきゝて此あふはか
にくたりしかさう兵　の手にかゝらんよりは　とおもひさためてはら
一もんしにかきゝつて其　まゝにしゆらたうに　をちこちの土と成　ぬ

るあを野か原の　なきあとゝひて　たひ給へなきあと　をとひてたひ給へ

し水

しんきなしんほち　うるさや〱
いのちさましや　くちをすはふ
やい〱　しんほち　なにを　しをる　水をくますな

野のみや

こゝはもとより　かたしけなく　も神風や伊　勢のうちとの　鳥井に出入すかたは　しやうしの　みちを神は　うけすや　おもふらんと　又車に打　のりてくわ　たくの門をや　出ぬらんくわ　たくのかとを

花こ

あやのにしきの　したひもは　とけて　中〱よし　なやなきの　いとのみた　れこゝろ　いつわすら　れぬ

張良

ふしきや川なみ　たち返り〱に　はかに川きり立　くらかつてなみまに出るしやたい　のいきほひくれな　ゐのしたをふり　たて〱張良を　目かけてかゝり　けるかなかるゝ　くつをゝつ　取あけて　おもても　ふらす　かゝりけり

くわいちうむこ

なかい物をくわいちう　すれはまひかまはれぬ
あの山みさい　このやま　見さい　いたゝき　つれた　小原　木を

三輪

ふしきやなこれなる　杉の二もとを見れは　ありつる女人にあたへ　つる衣のかゝりたるそ　やよりてみれは衣の　つまにこんしきのもし　すはれりよみてみれは　哥なりみつ　のわはきよく　きよきそから　衣くると思ふ　なとるとおも　はし

鳫盗（がんぬす）人

ゆみや八まん　やるまひ〳〵
とのさままつ　かんにんなされい
とのてあらふと　せんかほんしや　やるまひそ

白楽天

いまや〳〵と松ら舟〳〵　おきより見えてかく　れなきもろこし舟　の
から人をらくてんと　みる事はなにかそら　めなるへきむつかし　やこ
とさやくから人　なれは御ことはをも　とてもきゝもしら　はこそあら
よしな　つりさほのいとまお　しや釣たれん〳〵

ゐほしおり

しなのゝ國の住人　あそうとのゝ御内に　藤六と下六とゐ　ほしおりに
参り　てしうの宿わす　れてはやし事を　してゆくけにもさ　ありやよ
かりも　さうよの〳〵

敦盛（あつもり）

すまの浦もしほ　たれともしられ　なは我にも友　のあるへきにあま
りになれはわひ　人のしたしきたに　もうとくしてすめ　はとはかりお
もふに　そうきにまかせて　すこすなり〳〵

たうすまひ

日本人は　むさい〳〵
おてつ
なけて　くれうぞ

松風

さしくるしほを　くみわけて見れ　は月こそおけに　あれこれにも月
の入たるやうれし　やこれも月あり　月はひとつかけは　ふたつみつし
ほの　よるのくるまに　月をのせて　うしともおも　はぬしほち　かな
や

てたけれ

うつほさる

おもしろひ　まて〳〵
ちくしやうとて　ころさるゝことを　しらてまふか　しほらしや

羅生門

其時馬を乗はなし　らしやうもんの石たん　にあかりしるしの札を　と
りいたし檀上に　立をき帰らんとする　にうしろより甲のし　ころをつ
かんて引と　めけれはすはやきじん　と太刀ぬき　もつてきらむ　とす
るに取　たる甲の　緒を引ちき　つておほえ　すたんより　とひおりた
り

くれは

おもひ出たり七夕の〳〵　たま〳〵あへる旅人の　夢のせいれい妙童菩
薩もようかう成たる　夜もすから〳〵寶の　あやをおりたて〳〵　我君
にさゝけ物御代　のためしの二人のをり　ひめくれはあやはの　とり
〳〵にくれはあや　はのとり〳〵の　みつき物そ　なふる御代こそ　め

神戸女子大学古典芸能研究センター研究資料集　刊行のことば

研究の基礎はしっかりした資料にある。それを共有できるものにして、広く研究に活用していくことによって、私たちの生活を潤いのある豊かなものにしていく道が開けてくる。そのような考えのもとに、神戸女子大学古典芸能研究センターは、能楽資料の収集から出発して、中世芸能・近世芸能・民俗芸能の三分野にわたって、特色のあるコレクションを形成してきた。

古典芸能の横断的・総合的研究拠点となることを目ざして活動を進めている今、すでに刊行を開始している「神戸女子大学古典芸能研究センター叢書」に加えて、このたびわれわれは「神戸女子大学古典芸能研究センター研究資料集」の刊行を始めることにした。実証的な資料研究に軸を置きながら、開港地神戸にふさわしい開かれた発想にもとづく研究を展開していくうえで、研究のもとになる資料そのものを活用しやすい形で公けのものにしていくことが重要と考えたからである。

資料の形態と目ざす活用の方向によって、判型や体裁を柔軟に工夫し、学術的でありつつも親しみやすい資料として読者に迎えられるよう、そのたびごとに新たなチャレンジを試みていきたい。資料との新たな対話の空間が開かれることを、そして古典が現代の生活に活かされていくことを切に願っている。

二〇一八年三月

神戸女子大学古典芸能研究センター

執筆者一覧

小林健二
国文学研究資料館教授　神戸女子大学古典芸能研究センター客員研究員

樹下文隆
神戸女子大学文学部教授　神戸女子大学古典芸能研究センター兼任研究員

神戸女子大学古典芸能研究センター編
神戸女子大学古典芸能研究センター研究資料集2

絵入謡本(えいりうたいぼん)と能狂言絵(のうきょうげんえ)

2018(平成30)年11月1日発行

監　修　樹下文隆
発行者　田中　大
発行所　株式会社　思文閣出版　〒605-0089　京都市東山区元町355　電話 075-533-6860（代表）
装　幀　上野かおる＋中島佳那子（鷺草デザイン事務所）
印刷製本　亜細亜印刷株式会社

ISBN978-4-7842-1954-4 C3395

◎既刊図書案内◎

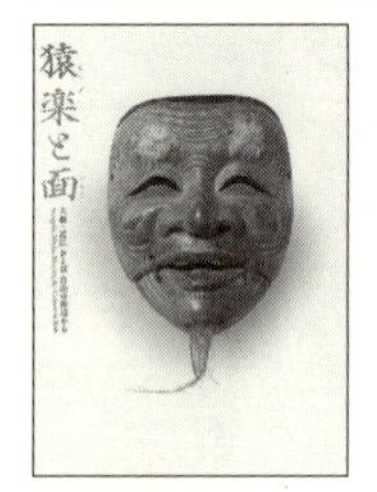

猿楽と面——大和・近江および白山の周辺から——

MIHO MUSEUM編／伊東史朗監修

MIHO MUSEUM2018年春季特別展「猿楽と面—大和・近江および白山の周辺から—」の展覧会図録。平安後期から鎌倉時代の古面に始まり、南北朝から室町、安土桃山時代の大成期にわたる350点（うち重要文化財80点）の「面（おもて）」をカラーで掲載、さらに約500点の面の表／裏を一堂に収録する。

▶Ｂ５判・402頁／**本体3,200円**　ISBN978-4-7842-1936-0

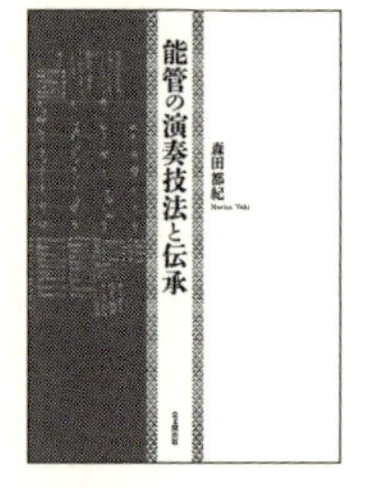

能管の演奏技法と伝承

森田都紀著

能管（笛）は、物語の情景を彩る重要な存在でありながら、その演奏技法がいかにして形成されたかについての先行研究は少なく、未解明な点が多い。本書は、室町時代末期から昭和期までの唱歌譜の解読と、近現代の演者の演奏技法の分析を通して、能管を中心とする能楽の演出の形成過程を歴史的に解明しようとする試み。

▶Ａ５判・252頁／**本体8,000円**　ISBN978-4-7842-1932-2

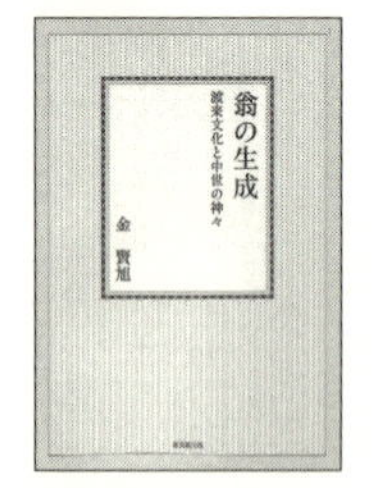

翁の生成——渡来文化と中世の神々——【オンデマンド版】

金賢旭著

中世の翁信仰の生成過程を諸縁起や史料から読みとることで、そこに色濃く反映された韓半島からの渡来文化の姿を見いだし、さらに日本芸能のルーツである翁猿楽の成立についても、韓半島のシャーマニズム文化の影響を指摘する。（初版2008年）

▶Ａ５判・250頁／**本体5,000円**　ISBN978-4-7842-7010-1

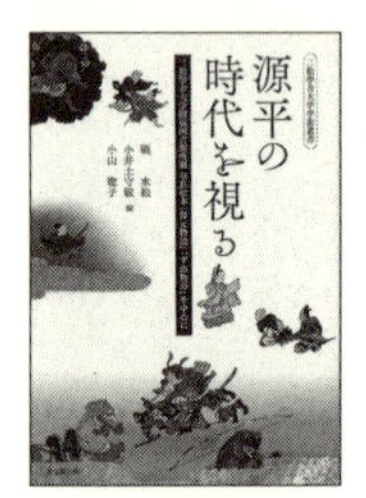

源平の時代を視る

——二松學舍大学附属図書館所蔵 奈良絵本『保元物語』『平治物語』を中心に——

磯水絵・小井土守敏・小山聡子編

【内容】二松學舍大学附属図書館所蔵奈良絵本『保元物語』『平治物語』について／描かれた『保元物語』『平治物語』の世界／奈良絵本『平治物語』の大路渡／奈良絵本『保元物語』『平治物語』の襖絵について／物語草子の制作と享受層　など

▶Ａ５判・278頁／**本体4,800円**　ISBN978-4-7842-1735-9

宗達伊勢物語図色紙

羽衣国際大学日本文化研究所 伊勢物語絵研究会編

近年発見された色紙も含めて、59面のすべてをカラ—、原寸大で掲載し、また、色紙に描かれた伊勢物語の世界の解釈、伊勢物語絵巻・絵本との比較対照、さらに、宗達における色紙の位置づけ、裏書の解読、色紙の特徴的な構図と技法、色紙成立の動機、色紙をめぐる人的ネットワークなどに関する新たな知見を収める。

▶Ｂ４判変型・220頁／**本体19,000円**　ISBN978-4-7842-1679-6

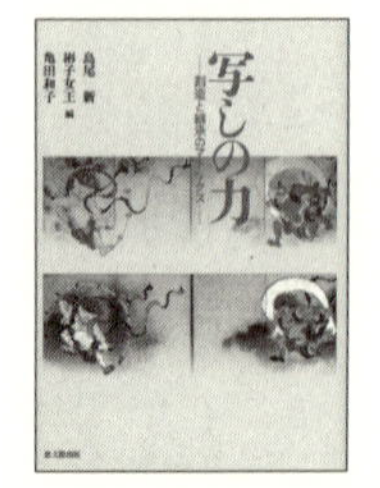

写しの力——創造と継承のマトリクス——

島尾新・彬子女王・亀田和子編

二項対立的に「オリジナル」と「コピー」を捉え、模本を原本に劣るものとして考えるのではなく、日本美術における模写の伝統をさまざまな角度から再検討する試み。【中国への憧れを写す】、【図像の伝承としての「写し」】、【「写し」の意味と役割】の３部構成。

▶Ａ５判・278頁／**本体4,000円**　ISBN978-4-7842-1711-3

表示価格は税別